无人驾驶事故责任研究

杨梦露　著

九州出版社
JIUZHOUPRESS

图书在版编目（CIP）数据

无人驾驶事故责任研究/杨梦露著.——北京：九州出版社，2021.9

ISBN 978-7-5225-0509-1

Ⅰ．①无… Ⅱ．①杨… Ⅲ．①无人驾驶—公路运输—交通运输事故—法律责任—研究—中国 Ⅳ.①D922.144

中国版本图书馆CIP数据核字（2021）第186352号

无人驾驶事故责任研究

作　　者　杨梦露　著
责任编辑　杨鑫垚　肖润楷
出版发行　九州出版社
地　　址　北京市西城区阜外大街甲35号（100037）
发行电话　（010）68992190/3/5/6
网　　址　www.jiuzhoupress.com
印　　刷　北京旺都印务有限公司
开　　本　880 毫米 ×1230 毫米 32 开
印　　张　5.375
字　　数　150 千字
版　　次　2021 年 9 月第 1 版
印　　次　2021 年 9 月第 1 次印刷
书　　号　ISBN 978-7-5225-0509-1
定　　价　68.00 元

前　言

　　无人驾驶汽车因人工智能的迅猛发展而逐渐进入公众视野，引发人们的广泛关注。无人驾驶汽车指在符合现行法律法规的机动车上，依靠人工智能技术、搭载传感器和全球定位系统，在无人类辅助或物理干涉的条件下，能够自动感知周围环境并运行决策，实现代替驾驶员角色的机动车。无人驾驶汽车作为自动驾驶汽车的最高级模式，与自动驾驶汽车为由小到大的概念。基于无人驾驶汽车的高度自主性，学者们对其能否具有法律人格看法不一，多数观点主张无人驾驶汽车的本质是人类的一种工具，应纳入物的范畴。关于无人驾驶汽车交通事故侵权责任在侵权责任体系中的定位，雇主替代责任、动物侵权责任、电梯侵权责任及机动车交通事故责任在无人驾驶汽车交通事故侵权责任中不具有可行性，而无人驾驶汽车的产品属性和高度自主性为产品责任和高度危险责任留下了适用的余地。同时应当由汽车生产者承担事故侵权责任，这符合风险与利益一致原则，也在社会公众的心理预期内。但是也需要兼顾受害人利益与社会公共利益，给予汽车生产者在一定情形下的免责事由，促进无人驾驶汽车行业有序发展。目前，无人驾驶技术呈蓬勃发展的趋势，如何在立法层面予以规制将成为未来亟须解决的问题。理应总结国外立法经验，如德国的黑匣子制度、英国的保险制度，为我国无人驾驶汽车交通事故侵权责任的划分提供参考。

　　探索适合无人驾驶汽车侵权责任的相关规则，首先，需要对无人驾驶汽车的基本概念、特点进行准确界定，也要对无人驾驶汽车的分级标准有准确的把握。目前有关无人驾驶汽车的基本理论，如概念、特点等在国际上仍未形成共识。关于无人驾驶汽车的分级，各国普遍采用国际汽车工程师协会制定的标准，将自动驾驶分为六个等级，无人驾驶属于最高等级。其次，为保证法律的稳定性，可以尝试在现有法律规则中寻找能够适用于无人驾驶汽车侵权的规则。当前学界有两大主流观点，一类是主张直接适用机动车交通事故侵权相关规则；另一类则主张适用产品责任侵权相关规则。本书认为传统机动车交通事故侵权规制和产品责任规则应对无人驾驶汽车侵权均有一定的适用空间。无人驾驶汽车发生事故的责任类型同传统机动车交通事故责任类型相似。但传统机动车交通事故"机动车一方"承担责任时，通常说采纳"运行支配""运行利益"二元体系，在汽车驾驶过程中，使用者未处于"运行支配"地位，但这并不意味着完全排除使用者的责任，其作为"运行利益"享有者应当承担车辆日常的保养、维修及系统升级等注意义务。无人驾驶汽车发生交通事故时，交警依据相关规则做出的责任认定同传统机动车侵权并无明显差异，可继续适用当前的责任认定规则。责任归于无人驾驶汽车一方时，鉴于无人驾驶汽车使用者无法对汽车进行控制，且缺乏专业知识，无人驾驶系统具有高度的自主学习能力及技术黑箱的存在，为减轻无人驾驶汽车使用者的证明负担可以考虑由国家设置专门机构进行事故进一步原因的调查。

如果因产品缺陷导致机动车发生交通事故适用产品责任相关规则，但《产品质量法》中产品与无人驾驶汽车存在差异，如范畴的界定、缺陷的认定、因果关系的证明等，而且无人驾驶系统运用的算法具有不可预测性及风险的不可预知性，所以要结合无人驾驶汽车的特点选择性地适用。之所以现有法律规则不能直接适用于无人驾驶汽车侵权，一方面是由于这些规则的调整对象的不同；另一方面是以无人驾驶汽车为代表的人工智能产品的主体地位不明确。无人驾驶汽车主体地位的界定是侵权事故法律适用的前提，法律是否应当赋予人工智能产品独立的法律人格在学界存在不同观点。就当前无人驾驶汽车的智能化水平，赋予其独立的主体地位为时尚早。因此在发生交通侵权时，无人驾驶汽车将作为客体，不能独立承担侵权责任。

目 录

第一章 无人驾驶汽车侵权概述

第一节 无人驾驶汽车的概念

无人驾驶汽车是 AI 技术在汽车领域的智能应用。无人驾驶汽车主要依靠汽车中基于计算机的智能驾驶员来达到无人驾驶的目的。无人驾驶汽车的主要部件包括：传感器、控制器、执行器等一系列智能设备，通过车载的智能传感系统和信息终端，进一步实现与外部世界的信息共享和交换，让汽车能识别周遭环境。而且智能车载系统还可自动分析安全和危险的状况，按照人类的设定进行驾驶，未来的强人工智能时代有希望使得智能系统和人的大脑一样精密无比。

一、无人驾驶汽车的定义

无人驾驶汽车技术的不断普及，也带来了许多的法律问题。如在发生事故时，难以确定责任主体，事故的因果关系难以理清，因此在对无人驾驶汽车侵权责任主体进行界定前，应当要对无人驾驶汽车的定义进行界定。无人驾驶汽车指的是在没有人工的干预下，依靠人工智能系统进行定位或是传感从而实现车辆自主行驶的驾驶方式。在《北京市自动驾驶车辆道路测试管理实施细则（试行）》中规定，无人驾驶汽车一般能够监控周边环境，自动做出应对周边环境的驾驶行为，如自动的行驶、变速以及遇到障碍物时进行刹车等。无人驾驶汽车在驾驶的过程中无需人工的辅助，依靠人工智能系统便可以顺利操作，并且能够保证车辆的安全行驶。

在这其中，有两个概念需要进行区分，即无人驾驶汽车与自动驾驶汽车，两者有所联系，但是也存在区别。自动驾驶汽车包含了无人驾驶汽车的行为，无人驾驶汽车是自动驾驶汽车的科技发展到更高水平的一种驾驶方式，即可以通过感应设备以及定位设备实现无人驾驶的行为，即在无人驾驶中并无驾驶员的存在。本书探讨的正是自动化水平较高的无人驾驶汽车的侵权责任的归属问题。

自动驾驶汽车的驾驶模式复杂多样，美国汽车工程师学会（以下简称"SAE"）按照汽车自动化程度及人类干预汽车行驶过程的程度不同，将驾驶模式分为 L0—L5 这 6 个等级。SAE0 级别，驾驶员负责运行过程中的全部任务。SAE1 级别，自动驾驶系统只能在部分情形下对汽车运行起辅助作用。SAE2 级别，自动驾驶系统对部分驾驶任务享有自主权，其余的驾驶任务由驾驶员负责完成。SAE3 级别，在自动驾驶系统享有一部分驾驶权限和监测权限的情况下，驾驶员仍对汽车运行负有接管义务。SAE4 级别，自动驾驶系统可以在特定情形下自主从事全部运行任务，驾驶员无需接管。SAE5 级别，自动驾驶系统在任何情形下都能完全控制汽车的运行过程，该级别为无人驾驶阶段，即本书的研究对象。由此可见，无人驾驶汽车完全由系统进行控制，并不存在传统意义上的驾驶员。无人驾驶汽车与自动驾驶汽车是一个由小到大的概念，无人驾驶汽车作为自动驾驶汽车发展而来的最高级模式，可以通过搭载传感器、全球定位系统等人工智能技术真正实现解放人类双手、减少交通事故的功能。区分两者的意义在于，除无人驾驶模式外的自动驾驶汽车中，如辅助驾驶阶段，自动驾驶系统仅起辅助作用，驾驶员作为汽车真正意义上的司机，在汽车运行过程中仍需保持高度的警惕。而高度自主且独立运行的无人驾驶汽车中不存在人类司机角色，使用者仅仅作为乘客而存在，无法支配车辆的运行过程。

无人驾驶汽车区别于传统机动车的一点在于其智能性。在传统机动车的运行过程中，驾驶员以掌控者的角色而存在。因此，现行交通事故归责制度主要是以驾驶员的主观过失为归责基础。当交通事故发生时，通常会涉及行人、乘客、机动车、非机动车等相关主体。但是在无人驾驶汽车中，并不存在驾驶员的角色，完全由无人驾驶系统自主进行操作和决策。无人驾驶系统对驾驶员的取代将直接冲击围绕驾驶员进行规制的责任体系，同时也会对交通事故责任承担主体的认定带来影响。

综上，本书认为，无人驾驶汽车指在符合现行法律法规的机动车上，依靠人工智能技术、搭载传感器和全球定位系统，在无人类辅助或物理干涉的条件下，能够自动感知周围环境并运行决策，实现代替驾驶员角色的机动车。

二、无人驾驶汽车的特征

（一）安全稳定系数高

无人驾驶汽车的诸多因素中，安全绝对是不可忽视的一个重要因素。人虽然都具有一定的避开危险的意识，但由于驾驶员也会存在诸如疲劳或者是受外界如雷雨天气等自然环境影响，进而引发的意外事故。也正是因为驾驶员不可避免的种种失误才促使智能驾驶系统的研发者都在尽全力提升驾驶系统的安全可靠性。无人驾驶汽车上的智能驾驶系统分类众多，在还是弱人工智能的背景下，并不能真正做到

"无人"，即像人一样去精细地思考，有很多设想依然是停留在技术壁垒的背后，还需要去努力打破。

事实上，现有无人驾驶系统的代表是传统汽车的防抱死制动系统。虽然目前安装在传统汽车上的防抱死制动系统需要由驾驶员操作，但它仍然可以被视为无人驾驶系统的"前身"。当没有防抱死系统的汽车处于紧急制动状态时，轮胎将被锁定，导致汽车失去控制和滑动。如果车辆在没有该系统的情况下进行驾驶，那么对司机就提出了更高的要求，即司机只能通过对踩踏板的频繁操作才能阻止车轮的抱死。众所周知，防抱死制动系统可以比人类更快速和准确地完成上述操作。该系统不仅可以用来探测轮胎的各种突发情况，还可以迅速做出感应，而且反应准确度较人工反应有很大提高。该系统的出现也是工业进步的标识，为今天的无人驾驶汽车技术的发展提供指导。

（二）自动安全泊车

其实在现实中车辆耗损的原因，也有一部分并不是因为发生了事故，反倒是由于不会倒车或者侧方位停车而带来的各种擦碰。倒车停车往往是驾驶的最后一个环节，很多人经过了疲劳的驾驶后，往往由于不注意而轻视了倒车停车行为从而引发意外。虽然现在大多数汽车都安装了后置的倒车摄像头和可以测定周围物体距离远近的传感器，这可以显示汽车周围很大范围内的环境视野，但还是会有人对停车操作不熟练。针对这种情况，有种智能自动系统会根据摄像头以及车身的红外线传感器感应车距进行全自动化的倒车。自动泊车系统毫无疑问，自然是无人驾驶技术在现实生活领域中的一大应用。通过自动停车系统的设定，该车似乎能像人一样观察周围环境做出最佳判断从而停好车。虽然表面上看起来只是完成了驾驶的最后一个步骤，但绝对是无人驾驶技术在汽车领域的重大进步。

（三）无人驾驶汽车的智能性与自主性

智能性正是无人驾驶汽车区别于一般的车辆的重要特征。无人驾驶汽车中的人工智能的运用能够将人的主观的想法通过计算机的方式进行编程，并且设定相应的程序，故在无人驾驶汽车的过程中能够通过感应系统以及定位系统准确分析路况，从而做出精准的判断，避开道路中的障碍物。无人驾驶汽车的人工智能系统只要通过输入出发地以及目的地，即可以规划道路行驶方案，并且利用雷达系统实时的监控路况，避免发生交通事故。经过研究发现，无人驾驶汽车的交通事故发生率比驾驶员驾驶汽车的交通事故发生率要低90%，其原因是依赖于人工智能强大的感应系统以及雷达系统。

无人驾驶汽车能够在无人控制监管的状况下自动驾驶。尽管传统驾驶方式的驾驶员可以通过导航软件进行路线导航，但是仍然需要驾驶员在多条路线中进行选择，并且会遇到塞车等路况。但是在无人驾驶汽车中可以由人工智能自主选择路线进行行驶，并且人工智能所选择的路线，可以最大化的节省驾驶的时间以及缩短路程，且能够通过雷达系统实时监控拥堵路况，从而有效地避免拥堵路段。无人驾驶的自主性同样体现在停放车辆的过程中，传统的驾驶员驾驶汽车需要通过人力来观察是否有停车位，并且需要花费大量的时间进行寻找，但是无人驾驶汽车在到达目的地之前，便会通过雷达系统实时的监测空车位，并且能够花费较少的时间完成驾驶任务。无人驾驶汽车的智能性与自主性是相互融合的，彼此依存，同时智能性与自主性也是无人驾驶汽车与传统的驾驶汽车的关键区别所在。

（四）无人驾驶汽车使用人或所有人的特殊性

传统的驾驶员在驾驶汽车时，需要具有驾驶执照的驾驶员控制车辆的行驶，在发生交通事故时候，驾驶员的行为是造成事故发生的主要原因，因此法律为了保障道路交通安全，设置了专门的驾驶员的资格考试，驾驶员只有通过了驾驶执照的考试才能够被允许驾驶车辆。而无人驾驶汽车的特殊性便在于并无驾驶员在驾驶车辆，并且无人驾驶车辆的使用人无需通过专门的驾驶员的执照考试便可以通过系统进行驾驶汽车。但是我国对于未通过驾照考试的人员是否可以购买并操控无人驾驶车辆并没有规定，这也可能会造成车辆的所有人或者使用人在无民事行为能力的情况下仍然可以使用无人驾驶汽车，将会对道路交通安全产生威胁，这一现状也是需要我国的法律加以规制的。

将无人驾驶汽车与传统汽车比较后发现，其增加了智能性以及自主性，能够通过感应系统以及雷达系统实时的监控路况以及寻找停车位。但是无人驾驶汽车也存在一定的弊端，如无人驾驶汽车需要依赖于感应系统以及雷达系统进行驾驶，但是在农村地区以及偏远地区，雷达信号不强，难以有效地为无人驾驶汽车提供充足的信号，有可能会引发交通事故，这也是无人驾驶汽车的弊端所在。因此需要无人驾驶汽车的使用人或者所有人尽到谨慎义务，对行驶过程中的周边环境进行观察，从而避免交通事故的发生。

第二节 无人驾驶汽车的法律地位及界定

本书对于无人驾驶汽车的责任主体的界定，是立足于确定无人驾驶汽车的法律地位的基础之上，即无人驾驶汽车是否可以单独成为责任主体，自行的承担对受害人的赔偿责任，或是无人驾驶汽车为普通的客体，在事故发生时，由法律规定的责任主体进行责任的承担。因此下文将进一步探讨并且进行界定。

一、客体说

有学者认为法律中的主体资格地位的前提是具有法律人格。人是具有理性的主观思考的能力以及能够进行情感的判断的生物，人在面对某些情况时会依据个人的主观想法的不同从而做出不同的反应。无人驾驶汽车中的人工智能系统尽管被公众所认可其具有极严密的逻辑能力，能够通过模仿人的思维模式进行驾驶行为，但是人的思维方式千变万化，人工智能的程序设计者不能够穷尽所有的可能设计程序，因此人工智能能够按照既定的程序做出逻辑判断，但是却不能够取代人类的主观的思考能力。对于无人驾驶汽车是否能够在法律中拥有主体地位，答案是否定的。我国学者认为要将主体是否有民事行为能力作为判定主体资格的标准，人工智能技术能够通过强大的网络搜索功能对相关知识进行收集，帮助各行各业的工作者更加便利的进行工作，但是人工智能的智能型是遵循程序设计师所设定的程序运行规律，并不具有独立的思考，运用人工智能技术的产品不能够成为民事的主体去承担责任，他们只能够根据程序师设定的程序进行运行，不具备自我程序的更新能力与情感能力，人工智能技术的产品只能够作为人们工作与生活时的工具，不能够成为法律的主体。若是将无人驾驶汽车赋予法律中的主体地位，那么当其发生交通时，受害人需要寻求责任人承担责任并且进行赔偿时，无人驾驶汽车将会被交付给受害人进行赔偿，那么最终的财产损失仍然是对于无人驾驶汽车拥有所有权的主体，因为无人驾驶汽车是不具有独立的人格和财产的，无法对其进行任何的惩戒措施，因此本书认为无人驾驶汽车是不具有法律人格的，因此在法律上否认了无人驾驶汽车的主体地位。

二、主体说

有学者认为无人驾驶汽车可以在法律中拥有主体地位，这是由于无人驾驶汽车的科技技术先进，具有高度的人工智能化，能够自主的驾驶车辆以及判断，能够做出符合人的意思的驾驶行为，并且完全无需人工驾驶员的辅助。而持有无人驾驶汽车主体说的学者认为，即使如今的科学水平不能够让人工智能产品获得和自然人一样的思维能力，但是随着科技的不断发展，人工智能的思维能力能够完全符合人的思维方式，因此应当在科技的发展的人工智能系统被赋予自然人的身份，从而作为主体去成承担起侵权责任。

三、"电子人"

我国学者在持有客体说以及主体说两种观点的之外，还有部分学者既不认为无人驾驶汽车是主体，也不认为其是客体，而是主张一种全新的观点，其认为无人驾驶汽车是"电子人"。人工智能的算法运行决定了人工智能的产品在运行的过程中所发生的行为是不可以预测的，导致了我国的侵权归责的原则不能够适用在人工智能产品中。若是将人工智能产品归结于普通的消费产品，但是人工智能所做出的的

"拟人化"的行为无法归责于产品的购买者。而该技术的智能运行依靠的是原先设定的逻辑规律，因此若是将人工智能的侵权行为上诉至法院，法院将会很难查明人工智能行为的技术是否是导致事故发生的主要原因。因此有学者认为可以将人工智能的产品拟制为"电子人"，并且为其设定特殊的权益以及义务，并且让人工智能在法律规定的范围内承担相应的侵权责任，则可以解决人工智能系统所造成的侵权问题。

四、界定

本书主张客体说，即无人驾驶汽车的法律地位是客体。首先对于"电子人"的观点，本书认为没有必要为人工智能设置专门的法律主体地位，新兴制度的兴起需要更多的配套法律制度的配合，而这将会导致我国的法律体系不能够符合"电子人"主体的需要，因此该种观点不被本书所认可。同时无人驾驶汽车是没有自我的行为能力的，其驾驶行为的自主性是由于人工智能中所预先设置的程序，而非人工智能本身的思考能力。因此若是将无人驾驶汽车作为独立的法律主体进行看待，则将导致无人驾驶汽车不受生产者以及设计者的控制，将会造成社会秩序的混乱。同时若是无人驾驶汽车作为独立的法律主体，它本身是消费者所购买的一项物品，并没有独立的财产可以进行执行，无人驾驶汽车仍然是消费者所拥有的一项财产。因此本书对无人驾驶汽车的法律地位持有客体说。

第三节 无人驾驶汽车侵权对现有法律的冲击

2017 年底，由深圳巴士集团打造的"阿尔法巴"无人驾驶公交车正式开启试运行。这也是我国无人驾驶汽车的首次上路运行。此外，于 2017 年底开通运行的北京燕房线将是第一条全程无人驾驶的地铁。这些试验的落地也在昭示着无人驾驶时代的到来。新兴事物的发展总是倾向于给社会生活带来进步和便利的，正如无人驾驶技术的发展似乎又要将人类的交通工具往前发展一大步。但是，在无人驾驶汽车给我们带来便利的同时，其对我们国家现行的《道路交通安全法》产生了不小的冲击，具体如下。

一、由于无人驾驶汽车的驾驶室内不再有司机这个角色，因而一旦发生交通事故产生侵权责任的话，该如何利用法律解决问题呢？因意外事故而产生的责任又该如何认定？正是因为我国现行《道路交通安全法》都是以人为主体所进行的一系列规定，那么在该技术还处于初步阶段之时，对无人驾驶的法律资格认定也还存有争议的情况下，现有的法律法规并不能很好地衔接。由此可见，现行法律并不能合理解决该类新问题。

二、影响刑事罪名的认定。例如在我国最典型的交通类犯罪罪名是交通肇事罪，由于该罪是典型的过失犯罪，因此在罪名认定上司机的行为一定是过失才构成该罪的。但是无人驾驶汽车上并不存在司机这个角色，因而也就没有所谓的故意或者过失，只能认定是智能驾驶系统的过失，可是对于驾驶系统来说，认定其过失的合理性仍有待商榷。

　　三、还有人提出我们到底是应该把无人驾驶汽车看作是一件产品还是未来意义上的"人"。这一观点直接决定了其法律适用规范。本书认为，就目前无人驾驶技术的发展来看，直接把无人驾驶汽车视为"人"多有不妥，因为虽然其在驾驶过程中完全脱离了人类的掌控，但其整个过程从出发到结束还是属于人类的操控范围。因此其目前来说还是一个基于人类操控上的产物。当然纯粹将其视为产品也不能顺应科技的发展，虽说现在的技术无法完全实现脱离人类的掌控，但技术的发展是无法完全衡量准确的，强人工智能到来的那一天就意味着无人驾驶汽车也可以像人类一样独立思维了，因而不管是从现在还是未来来看，尽早对无人驾驶技术做出合理且具有前瞻性的规定才能更加使法律顺应社会和科技的发展。

第二章 我国无人驾驶汽车侵权责任现状及存在的问题

得益于人工智能技术的日趋成熟，无人驾驶汽车的研发技术也逐步走上正轨，无人驾驶汽车当之无愧地成为人类交通发展史上的里程碑，在无人驾驶汽车技术取得重要进展的今天，无人驾驶汽车之所以发展如此迅速，究其原因在于无人驾驶汽车背后所潜藏的巨大"蓝海"价值以及待开发的其他衍射利益。当然于我们而言，无人驾驶汽车的真正普及与落地虽然尚需时日，但可以预想的是该技术的发展必然对我国现行的法律带来巨大挑战，甚至有可能颠覆我们对传统的认知。无人驾驶汽车的特殊性决定了其发展之特殊性，关于其是否能成为侵权责任主体的问题已经在学界众说纷纭，引起巨大争议。

第一节 我国无人驾驶汽车侵权责任现状

一、法律规定

回到中国关于无人驾驶汽车的立法，目前仍然是没有形成规范的，仅有北京市交通委联合北京市公安交管局、北京市经济信息委等部门于2017年12月15日发布的《北京市关于加快推进自动驾驶车辆道路测试有关工作的指导意见(试行)》和《北京市自动驾驶车辆道路测试管理实施细则(试行)》两个文件，其中写明了无人驾驶汽车的相关定义，基本管理和一些责任事宜的安排。尽管如此，从该文件内容可以看出，文件所提及的规定还是过于简单和狭隘，提供给司法机构的参考内容很少，在真正的试行中不利于实际的操作，可能会存在障碍。而这不能匹配当今国内无人驾驶技术的发展现状。这一领域的发展是时代的潮流，我国应该顺应这一潮流去做好法律方面的准备，才不至于因为起步晚而失去这块蛋糕。

从其他国家的立法实践经验可以看出，合理制定驾驶制度、严格控制无人驾驶技术的研发标准、设立适当的车辆运行报告制度和专门针对无人驾驶汽车开发的保险产品等措施是规制无人驾驶技术的主要几大方向，主要原因还是因为无人驾驶的发展中利益巨大以及如何平衡研发销售公司和市场之间的利益关系。在制定无人驾驶规制法律和提高其技术水准的同时，各个国家也都将在无人驾驶技术上使出全力，大力发展该技术以争得人工智能领域的发展冲锋军的位置，那么如此一来就需要讲法律的制定和技术的标准相结合，在经济全球化的背景下，无人驾驶技术的规制措施很有可能因为互相的借鉴而趋近同质化，那么无人驾驶领域真正的争夺可能就体现在对无人驾驶技术的提高以及如何控制无人驾驶汽车的准入市场标准。

二、司法实践

2017年，百度在人工智能（AI）研发者会议上公开放映了一段影像。从影像中我们可以看出，百度CEO李彦宏先生正坐在无人驾驶汽车上，朝着活动现场驶去，不仅仅是因为新技术的应用而引发关注，更是因为这是该技术在真正的公路上进行应用，理所当然地引发了各界关注。随后，北京的交通管理部门声称，正在查证百度是否真的在公共交通公路上进行无人驾驶汽车的试用，是否涉嫌未经批准就擅自驾驶的违法行为，如果一经证实，发现该行为确实违反相关法律规定，那交通管理部门必将采取相应措施给予行政处罚等。可随之而来也引发了无人驾驶汽车一旦发生违规的话，在司法实践中该如何处理等问题。

首先要明确的就是无人驾驶汽车在未经过批准的情况下到底能不能上路驾驶。技术的发展总是一日千里的，而法律的规定也必然存在一定的滞后性，现行的道路交通安全法自然无法在当年立法之时就预见到该新兴技术，也自然无法对其做出规定，因而司法实践在这一块是缺失的。

无人驾驶汽车和普通汽车的区别是：其相当于给普通汽车安装了一个新的智能操控系统。《道路交通安全法》中有明确规定不能自行改造车辆或者改装、加装其他设备。而且还规定了机动车的上路标准，即机动车正式投入运营之时应经过相关部门的检测才行。那么如果百度的行为涉嫌违法，主要问题就在于它是未经批准就擅自上路，该行为没有合法合规的程序进行审核，因此涉嫌违法。

第二节 我国无人驾驶汽车侵权责任
存在的问题

一、我国无人驾驶汽车侵权责任立法存在的问题

就针对无人驾驶汽车的政策法规来看，政策性法规将其称之为互联网智能汽车。但是我国对相关智能驾驶的规定还是空白，2018年4月全国汽车标准化技术委员会智能网联汽车分技术委员会在北京成立，关于无人驾驶汽车的智能分类情况已经有所成型。北京发布的《自动驾驶车辆道路测试能力评估内容与方法》具有一定的借鉴意义。该项规定对智能驾驶汽车的智能程度、驾驶完成度、意外情况应急能力、整体能力以及与互联网的衔接能力进行了初步规定。根据不同等级的汽车进行事故的不同处理，分为不同等级，但这也仅仅是政策上的一些指导文件，对于真正的立法还是有待重新审视的。

在 AI 技术的前景展望中，无人驾驶技术当仁不让是其重点发展对象，2017年7月8日，国务院印发《新一代人工智能发展规划》，指明将加大对无人驾驶的研究开发力度，以及新型驾驶技术的相关配套措施的研究，研究智能的轨道交通和道路交通工具，以慢慢建立属于我国自己的无人驾驶技术，进而结合共享经济将未来的无人驾驶和共享技术相结合。2017年12月，工信部又新发布了——《促进新一代人工智能产业发展三年行动计划 (2018—2020 年)》中，把无人驾驶技术列入其中重点发展的目标。2018年9月14日，工信部公布了"2018年人工智能与实体经济深度融合创新项目名单"，在诸多的内容里面也涉

及多种与无人驾驶技术相关的技术。

二、我国无人驾驶汽车侵权责任的具体内容存在的问题

（一）无人驾驶侵权责任主体认定的问题

基于 AI 技术的发展，衍生出多种新技术，无人驾驶技术是其中之一且与我们密切相关，因为它是 AI 技术在生活领域的运用。既然是新技术，那么其自然需要新的法律法规来进行规制，进而其一旦发生意外事故也无法适用现有的法律，那么随之而来的一个问题就是：当无人驾驶汽车在运行过程中发生意外应该如何认定责任，又该如何承担？

在无人驾驶汽车发生意外事故后，要重新认定责任主体的第一步就是，要把有可能对此负责的主体范围缩小，看看谁有这种"可能性"。众所周知，无人驾驶的特殊之处就在于其运行过程中不需要人的干预和控制，那么它依靠什么呢？实际上无人驾驶依靠的是一种智能驾驶系统进行全程的操控，其身份地位俨然就是和传统汽车里的司机一样了。无人驾驶的另一个特殊性在于，它是由很多主体共同参与研发制造的，那么就不能简单类比产品责任进行追责，例如，假设一味地追求产品研发者的责任，那么势必会打击研发者的积极性，不利于新技术的发展。

鉴于此，考虑到现阶段的无人驾驶技术只是刚刚起步，虽然车内不要人来实际操控，但技术的背后还是有人为干预的且这种控制是人的行为。因此，考虑将例如研发者、制造商、销售者等一系列的主体作为责任承担者，再进而细分他们各自的责任也不失为一种追责方式。

（二）无人驾驶意外事故后归责原则的适用问题

紧接着就是归责原则的应用，在无人驾驶发生意外之后如何适用归责原则也是亟待解决的问题之一。

在中国现行法律法规中，交通事故发生后的归责原则适用于机动车辆，《侵权责任法》和《道路交通安全法》有相关规定。这也是因为机动车交通事故的频繁和特殊性。此种特殊性主要表现在如下方面：第一，归责原则是特殊的；第二，责任主体的复杂性；第三，不同类型的责任减少的原因。与一般侵权一样，无人驾驶汽车侵权也应该是非法的。

三、我国无人驾驶汽车侵权责任配套制度存在的问题

（一）无人驾驶汽车事前审核标准问题

之所以要对无人驾驶汽车的事前许可证进行规定，一个很大的原因在于无人驾驶汽车一旦真正落地运行后，其对公共安全到底会带来何种影响不得而知。我们当然是为人工智能技术以及无人驾驶汽车技术的进步感到欣喜的，但同时我们也不得不考虑到未知技术会给我们的社会生活所带来的挑战。技术的进步很可能是可以很好地服务于社会的，也会给我们建设未来的智慧型城市带来很多便利，或者说是减少了未来还有可能发展出其他新技术的试错机会。我国是人口大国，因此社会稳定和保障公共安全绝对是第一要务。

如果不对无人驾驶汽车进行规定，那么其必然落入传统的有人驾驶汽车的范围，适用的也必然是传统的《道路交通安全法》，那么其所面临的很多问题便无法解决，公众权益也无法保证。因此，无论基于何种考虑，公共安全是我们不可忽视的一项重要因素。

（二）无人驾驶事中监管问题

无人驾驶汽车技术虽然由来已久，但其真正得到落实和应用也是近些年的成就。因此对于其可能会存在的危险，人们目前并没有完全掌握。可能会在使用途中存在缺乏监管的问题。比如，无人驾驶汽车在运行中可能出现的自身系统紊乱、是否会受到恶劣天气的影响、低温高温环境是否会破坏到汽车自身或者驾驶系统、破坏程度如何以及对最重要的对周围环境识别误判，等等。因为这些原因所带来的危险远远不止人们所预料到的。

对新技术的监管预防不仅是立足于当下更是立足于长远的未来，因为我们针对的只是目前无人驾驶技术的发展，可是随着科技进步以及科研工作者们对无人驾驶技术不断的深入研究，这项技术可能在不久的将来有更大的进步，因此尽可能全面考虑好它现在的危险性和未来潜在的危险性是一件很必要的事情。

（三）无人驾驶发生事故的事后赔偿问题

对于新兴技术的应用是应该大力推进，但由于无人驾驶技术和我们的生活密切相关，因此应该关注其在发生意外后的赔偿问题，相关规定理应完善。无人驾驶汽车的发展已经势不可挡且呈燎原之势，纵观无人驾驶汽车领域，无论是科研界还是商业界无不纷纷涉足无人驾驶汽车领域，抑或是为了科研，抑或是为了其领域背后的巨大市场。同时面对经济下行的压力，无人驾驶汽车或许有望给各个行业带来重大的改变，许多新兴行业也可能在其带动下得到支持发展，随之而来的便是很多商机和财富。无人驾驶汽车平衡车与车、车与路、车与人之间的关系主要是通过智能化的无人驾驶系统以及人工智能交通信息平台，从而实现智能化的行程管理，对现在一线城市普遍存在的交通压力以及行车安全问题做到很大的改善。

由于中国是人口大国，现实中的交通情况远比设想的复杂且充满突变因素，加之现在的人工智能还停留在弱人工智能的阶段，那么带来的问题就是现有的人工智能技术与精密的人脑之间还是存在不小的差距，各类无人驾驶系统的精确程度也是存在改进优化的空间，进而对这项新兴技术的发展也是挑战重重。在复杂多变的交通环境下无人驾驶汽车的落地运行还存在很大的升级空间，待解决的问题大致如下。

首先要解决的问题就是在复杂多变的国内交通环境下对周遭环境的识别判断问题。静态环境主要是指基本的行车道路以及其他交通附属设施，比如行车道、高架桥、指路牌、交通安全提示牌等。动态环境则是指机动车、非机动车以及行人等地面移动物以及气候、天象等。虽然目前的人工智能技术已经可以模拟人脑处理一些视听上的问题，但因为大部分的测试仅仅是在研究室、实验室等地方进行，这些地方的环境复杂度以及仿真还原度和真实环境下的道路交通环境仍存在较大差别，那么对于无人驾驶汽车一旦投入真实领域当中是否还能像在实验室中一样"智能"地处理不同环境下的不同问题，这也确实是目前和未来所要面临的挑战。

第二个要解决的问题就是无人驾驶汽车智能系统的仿生拟人，包括对环境信息的应对与决断。因为车上毕竟没有真正的驾驶员，那么怎么利用有限的资源去最优化驾驶的准确度也是一个急需解决的问题，因为要研发能模拟人类大脑精密度类似的智能模型，然后投放到运行的汽车中去。

国内在发展 AI 技术以及无人驾驶技术上也是一直保持不断学习深入了解的积极态度的。首先，工信部也已经着手进行一部分方针政策的起草，与 AI 行业的技术公司一起合作。我国其他的城市对该项技术的发展也比较重视，纷纷开始讨论规划。比如进行的无人公交车的上路运行测试、人脸支付和人脸识别技术的测试、对驾驶人员进行精密识别。

现如今，我国在云计算、大数据和 5G 通信等领域的迅猛发展，为无人驾驶技术的长足发展不断注入坚实有力的血肉，但目前面临的困难也很明显。究其原因是因为高速行驶中的无人驾驶汽车对于信息的即刻处理和做出相应的反应要求比较严苛。

其次，要确保无人驾驶的真正实施，无人驾驶汽车的敏感程度，处理事故的程度，以及对意外情况的处理能力都应该得到保证。因而在对周遭环境的认识上、以及新兴技术的学习能力上进行更深层次的学习，对这样一来可以让无人驾驶汽车应对变化的道路以及周围的新增设施。当然在目前的 AI 技术发展的背景下，这类技术还不够成熟，还有很大的上升空间，如果想要在市场投入，尽力控制成本是一个重要的考量，还要结合最新的运营数据进行更新和改进研发的操作，这一过程必将消耗很多时间，但又是必须存在的。

最后，车载地图导航技术针对无人驾驶也有一定的阻碍。目前，我国的主要卫星导航也在不断地优化升级当中，想要真正投入市场还有很长的路要走。新技术的前景目前来看是很有发展潜力的，但在壮大的过程中必然还是要经历很多坎坷。

第三章 无人驾驶汽车交通事故中的民事责任

第一节 无人驾驶汽车民事侵权责任主体的概念

一、无人驾驶汽车民事侵权责任主体的定义

无人驾驶汽车的民事侵权责任应包含物件责任和行为责任两类，鉴于物件致损责任主体的认定简单明了，且与传统机动车抑或其他物的致损责任基本规则并无本质区别，因此，本书主要探讨的是在机动车投入使用参与交通活动时的行为责任主体。无人驾驶汽车民事侵权责任主体，本书中亦可称为无人驾驶汽车道路交通事故责任主体，是指无人驾驶汽车在行驶过程中造成他人人身伤亡或者财产损失时，应承担侵权损害赔偿的主体。

（一）无人驾驶汽车民事侵权责任的特征

无人驾驶汽车民事侵权责任的特征：一是发生在道路交通领域。二是在事故当事方中，无人驾驶汽车一方负主要或同等责任。按照现行归责原则，与机动车之间发生事故，负主要责任；与非机动车、行人之间发生事故，负同等责任以上；都被认定为无人驾驶汽车事故。三是主要形式是人身损害赔偿和财产损害赔偿。四是赔偿权利主体是机动车与非机动车驾驶人员、乘车人、行人以及其他进行交通活动的人员，但本书所讨论的仅指无人驾驶汽车相对方机动车、非机动车驾驶人员、乘车人及行人，无人驾驶汽车"驾驶人员"和乘车人

不包含在内。

（二）无人驾驶汽车民事侵权责任的构成要件

无人驾驶汽车民事侵权责任的构成要件：一是违法行为。在道路交通过程中，民事侵权责任主体以作为或不作为的方式，违反了不可侵义务以及以保护他人为目的的法律所规定的义务。二是损害事实。是指民事侵权责任主体的过失行为造成权利主体的人身权利和财产权利处于不利状态。三是因果关系。民事侵权责任主体的违法行为作为原因，与权利主体的人身和财产损害事实之间为引起与被引起的关系，它们之间存在前者引起后者，后者被前者所引起的客观联系。四是过错。在一般情况下，民事侵权责任主体的过错表现为过失，违反善良管理人的注意义务，为有过失；违反普通人的注意义务，为有重大过失。

二、无人驾驶汽车民事侵权责任主体认定的特殊性

在传统机动车道路交通事故责任中，我们通常把机动车保有人认定为直接责任主体，无人驾驶汽车虽属机动车范畴，但在行驶过程中与传统机动车具有本质区别，因此，无人驾驶汽车民事侵权责任主体认定具有特殊性，不能简单地与传统机动车混为一谈。

（一）驾驶行为的自主无人性

无人驾驶汽车，顾名思义，即由汽车驾驶系统进行驾驶行为，人类不再进行干涉，乘车人只需下达到达目的地的命令即可，对路径规划、方向掌控、车速控制等驾驶决策问题不再负注意义务。由此，传统的驾驶人员转化为乘客身份，不用再考虑他们年龄、身体状况，也不用关心他们是否持有驾照，是否酒驾，即使是毫无驾驶技能的儿

童、老人或残疾人也可以独自乘车；另一方面，在乘车的过程中，只需遵守车内安全乘车规则，不干扰正常驾驶或破坏车内设施即可。

（二）驾驶行为的系统依赖性

无人驾驶汽车几乎将所有的驾驶行为都交给以环境感知功能、定位导航功能和自主控制功能为核心的无人驾驶系统来操作。由此汽车的行驶安全完全依赖于无人驾驶系统的可靠性，例如系统的感知和定位功能是否精确，驾驶的决策是否快速、合理？抑或随着"驾驶经验"的丰富，驾驶系统会进行自主深入地学习，其驾驶决策是否会发生改变？还是在投入运行之前，无人驾驶汽车的安全系数没能达到标准，伦理性、适应性学习规划没能合理预见，那什么是合格的安全标准、合理性预见范围呢？这到底是无人驾驶汽车本身的问题，还是其设计者、生产者、销售者的问题呢？这些因素会直接影响无人驾驶汽车民事侵权责任的认定。

第二节 无人驾驶汽车民事侵权责任主体认定
需考虑的问题

一般来讲，新型侵权现象出现时首先会致力于在现行法律规范中解决，而不是盲目地立法和修法。对于无人驾驶汽车民事侵权责任主体认定，首先应将目光聚焦于现行机动车民事侵权责任主体认定规则，考量无人驾驶汽车侵权问题对现行规则的哪些方面构成了挑战，并在此基础上致力于侵权问题的解决。

一、现行道路交通事故责任主体的认定规则

（一）现行法律法规

从法条结构上来看，《侵权责任法》第 48 条是机动车交通事故责任一章的第一条，本应是规定一般情况下的机动车交通事故责任主体，但其仅仅是援引了《道路交通安全法》的内容。而在《道路交通安全法》第 76 条中也是将责任主体规定为"有过错的一方""机动车一方"，表述模糊，没有明确指出事故的责任主体。不过《侵权责任法》第 49 条规定，在租借、租赁等情形下，当机动车所有人和使用人二者分离时，由机动车使用人作为责任主体，机动车所有人承担补充责任。这是首次提出了"使用人"的概念，有学者认为这是受德日等国机动车保有人概念的影响，对我国多年理论及司法实务总结的基础上，关于机动车损害赔偿立法的一个创制。"使用人"不仅包含驾驶人，还可以包括机动车的实际管理人、控制人等。

（二）相关主流学说

对于如何准确地表达和界定道路交通事故责任主体，各国均不相同，德国采用了"保有者（halter）"，日本采用了"运行供用者"，韩国采用了"运行者"，还有采用"照管者""监管者""持有者"等称呼的。虽然称谓不尽一致，但其含义还是相对统一的。

而因受德日立法影响较大，我国法律和实务界多采用"保有者"或"保有人"的说法。关于保有人的理解，各国主要强调两个方面的要素：一是"运行支配"，即对机动车有效的或实际的支配、照管、控制或使用；二是"运行利益"，即对机动车所生之利益或费用的分配。在此基础上，存在着"一元说"和"二元说"的理论区分。"一元说"主张损害发生时，机动车的支配者即为保有人，此立法例见于意大利以及形式上采用"二元说"，实质上更接近于"一元说"的法国；"二元说"主张两个因素必须同时具备，当损害发生时，机动车的支配者同时是运行利益的归属者或运行费用的承担者才为机动车保有人，德国和日本的立法均采用"二元说"。我国学界的主流观点认同"二元说"作为基本的判断标准，即从运行支配和运行利益两个方面判断某人是否属于机动车保有人。我国最高司法机关亦认同"二元说"，司法实践中明确采用运行支配和运行利益的判断标准。在立法过程中，《侵权责任法》第50条和52条中的驾驶人责任也表明立法者延续了这种立法思想。

二、无人驾驶行为的法律属性及民事侵权因果关系的确定

（一）无人驾驶汽车驾驶行为的独立性

在无人驾驶汽车的行驶过程中，人类几乎将所有的驾驶行为都交给了无人驾驶系统，对路径规划、方向掌控、车速控制等驾驶决策问题不再负注意义务，只需下达到达目的地的命令即可。而我国传统的车辆保有人责任是根据"运行支配+运行利益"来界定的，即使是根据域外法的"一元论"，责任界定亦是根据"运行支配"。因此，问题的核心是无人驾驶汽车的使用人的使用行为是否属于运行支配。

"运行支配"分为广义和狭义两种学说，在广义说下，运行支配既包含了法律意义上支配权的行驶，也包含了主体分离情况下潜在的抽象的支配；而狭义说则恰恰相反，运行支配仅限于事故发生时的实际支配，并不包括潜在的抽象的支配行为。根据《侵权责任法》第49条和52条规定，我们可以解读，当机动车所有人和驾驶人不是同一人时，机动车的运行支配已从所有人转移到驾驶人，可见机动车所有人的"放任驾驶"不属于运行支配。因此，我国采用的是狭义"运行支配"的立法思想，在无人驾驶汽车发生道路交通事故时，车辆的使用人潜在的抽象的支配并不属于运行支配。

波顿恩和霍夫曼认为，在驾驶员位置的人类已经丧失了驾驶人属性，在发生交通事故时，自动驾驶系统自行决断，因此，仅系统符合驾驶人的定义。对此，学界有不同观点，认为由于驾驶员位置的人仍然保留了介入的可能性，可以依据驾校教练作为驾驶人的拟制，将其看作为共同驾驶，在事故中根据共同侵权的规则处理。此外，德国

在 2017 年修改了《道路交通安全法》，明确了驾驶人的注意义务。学界对此观点争议颇多，本书也认为这样的立法思想有待商榷。

麻省理工学院的机器人学家大卫·敏德尔认为："对无人驾驶汽车而言，最大的挑战在于自动操作和驾驶员之间的权利交接。"德国立法思想的核心假设在于，当有突发情况出现时，应该有警示或震动提醒驾驶员需要立刻处理紧急情况。这种假设看似合理，实际情况却是当人们发现自动驾驶技术有效，便会十分乐意盲目相信机器，从而急切地放弃驾驶责任，这是一种被称为"责任分散"的典型管理失误。2009 年，法国航空 447 号班机坠入大西洋的事故就是人机之间"权利切换失败"的案例。而谷歌公司 2015 年 10 月份的月度报告中对员工在乘坐早期研发的无人驾驶汽车时的行为描述以及弗吉尼亚理工大学对驾驶员乘坐无人驾驶汽车开展的研究情况来看，即使明知无人驾驶汽车不够安全，驾驶员也无法一直将注意力集中在道路上，很多驾驶员会在汽车行驶的过程中吃东西、看视频，甚至直接跑到后座上去拿东西，这极大地增加了发生车祸的风险。况且，在发生紧急情况时，驾驶员也许已经几个星期甚至几个月没有开车，他们不仅不知道接下来将会发生什么，驾驶技术也许早已生疏。

其次，人机责任界定不明确。只有当人和系统的责任界定清晰并保持规范一致的情况下，人类的决策才有可能在无人驾驶汽车上发挥作用。但德国立法中并没有在人和软件之间的责任上做出标准清晰的界定，例如：要求驾驶员随时准备接管汽车，那"随时"的标准在哪里？什么是随时，什么是没有随时，我们都知道人类需要一定的反应时间，"随时"是 3 秒？1 秒？抑或是更短？我们不得而知。再或者依规操作的界限在哪里？如果发生紧急情况，无人驾驶汽车将会在多长时间之前警示驾驶员？如果在发生紧急情况时，系统临时将驾驶任务"踢"给驾驶员，导致驾驶员来不及反应，或者因为突发事故压力导致失误，那么责任在哪一方或如何分配？这是摆在人机共享方向盘上的一道难题。

再次，不符合无人驾驶系统的发展目的。与外科医生利用机械臂是为了达到超出常人的精准操作不同，无人驾驶的目的更多是为了使人类从枯燥的驾驶任务中解脱出来，这时让驾驶员随时保持警惕，就相当于一块甜美的蛋糕就在眼前，但是不能吃。而且，今后还会面对老人、孩子、残疾人等无驾驶能力的人乘坐无人驾驶汽车的情况，这将会使人们无法享受无人驾驶汽车本应有的便利。

（二）无人驾驶汽车"智能物"定位的模糊性

由于传统的保有人责任不能适用于无人驾驶汽车道路交通事故，一些学者提出了赋予无人驾驶汽车法律主体地位的观点，形成了"人格肯定说"和"人格折衷说"，责任形态是让车辆独立承担责任或车辆保有人承担替代责任等。此种观点虽不能称之为主流，但支持此观点的学者不在少数，主要理由如下：

一是法律主体范围的开放性。在民法历史进程中，法律主体的范围并非是一成不变的，而是处于不断地扩张状态中，奴隶、妇女、黑人、动物和法人的法律主体地位都是随着经济社会的发展，经历了从无到有的过程。这一方面印证了约翰·厄姆拜克提出的"实力界定权利"理论；另一方面表明法律主体已经不再限缩于生物学意义上的"人"，其他主体也可以参照自然人拥有拟制人格。在未来以无人驾驶汽车为先驱的人工智能将会在生活、工作、产业发展等各个领域影响着人类，其社会影响力和应用率将会呈现陡增的态势，因此，按照上述主体的发展逻辑，随着人工智能的快速发展，法律对于机器人的法律主体地位将持开放态度。

二是无人驾驶汽车符合以人的抽象为基础的法律主体理论。从另一个角度来审视法律主体的发展过程，可以分为两个阶段，第一个阶段是法律主体与生物学意义上的人范围的重合；第二个阶段是法律主体突破生物属性，法人亦可成为拟制人。在远古时期，尚未有现代意义上的法律主体，随着人类社会的发展，法律主体逐渐与生物学意义上的人重合。而自启蒙运动以来，"理性"逐渐演变为法律主体的唯一抽象，这是法律主体从人的实在到人的抽象的演变，当法律主体以人的抽象为基础，就为法律主体资格的开放提供了可能。此时，主体资格成为一种符合人的抽象性特征的属性，即凡是有理性的物种都可以被赋予法律资格，与其本身性质并无关联。由此原理，法人才可以按照这种类人的抽象，被拟制为法律主体。

反观无人驾驶汽车可以在行驶过程中对信息进行收集、分析和处理，还可以通过观察世界和大量的训练数据进行"深度学习"。它的工作状态正像人类一样为了获得预期效果，多方位、多角度地进行统计和分析，在众多可行性方案中提取最佳并有效执行；它的学习状态可以将学习到的材料通过程序筛选、计算、推理转化成自己的知识，不断完善并能够应用。这种思维方式符合启蒙哲学二元对立思维下"理性人"的标准，因此，无人驾驶汽车完全可以被吸纳为新的法律主体。

三是基于社会发展的现实需求。根据马克思主义法学理论，法律并非是由人类创造而只是对现实生活的表达。正如法人制度的产生就是立足社会现实，满足经济生活需求的表现，通过赋予其民事法律地位使团体与投资人的财产相分离，以限制投资风险，鼓励投资积极性。在现行法律制度下，无人驾驶汽车的侵权责任问题并没有公认的成熟的解决方案。在其打破传统机动车保有人责任制度的情况下，为了平衡侵权双方的利益，既要保证受害人的及时补偿，又不能将责任一股脑儿推给无人驾驶汽车的生产者和销售者，迟滞无人驾驶汽车的推广与普及。那么赋予其法律主体地位，使其承担一定的侵权责任不失为一种更公平合理的解决方式。

此外，从境外立法趋势来看，2016年2月，美国正式承认谷歌无人驾驶汽车可以被视为司机；2016年5月，欧盟发布的《关于机器人技术的民法规则》建议的报告中首次正式提出赋予人工智能民事主体地位，将人工智能的身份定位为"电子人"；2017年10月26日，机器人索菲亚被沙特阿拉伯授予公民身份，这标志着在立法中承认无人驾驶汽车的主体地位或将成为必然。

对于以上观点，我认为这种构想在短期内是不尽现实的。首先，法律主体的拓展需要一个漫长的过程，正如法人主体地位的实现同样历经了很长时间，现在学界支持无人驾驶汽车法律主体地位的观点虽有一席之地，但还不能成为主流观点，预计在短期内学界还不能达成共识；其次，法律主体的拓展需要经过法律的确认。本书不能断定人工智能在未来绝不会获得法律主体地位，但就现状来看，无人驾驶汽车获得主体地位的现实性和必要性还未完全展现，在此种情况下，立法者恐不会抛弃解释论而选择法律成本更高的立法论；最后，欧盟提出的"电子人"的说法其实很模糊，其中一种说法是赋予最高形态的人工智能以法律主体地位，那无人驾驶汽车是否位列"最高级"的其中，我们不得而知。美国将无人驾驶汽车视为司机，并没有提及它的法律主体地位，仅仅是承认其驾驶行为的独立性。"索菲亚事件"更是本身争议就很大，而且沙特阿拉伯并没有赋予所有人工智能以公民身份，我们不能以偏概全，将其一概而论。

（三）无人驾驶汽车的缺陷与生产者之间因果关系的复杂性

《机器人民事法律规则》指出："根据目前关于产品责任的法律框架——产品的制造者对于产品故障负责....适用于机器人或人工智能造成的损害。"其实，运用产品责任来应对无人驾驶汽车民事侵权责任早已受到了学界的广泛认可，当发生交通事故时，可以认定产品缺陷追究车辆生产者和销售者的责任。但问题是，无人驾驶汽车出现的一些新的特征导致无法合理推断出事故是由设计或制造缺陷所引起的，因此，难以直接将事故责任分配给车辆的生产者和销售者等法律主体。

1.道路因素的复杂性

对于传统的机器而言，生产者和设计者几乎可以完全掌控其使用方式和边界，在正常运作、没有其他原因力的情况下，它的"一生"都会在事先设计好的轨道上运行，例如电脑、电视或者其他大型流水线机器人，他们的使用方式和环境都比较单一，在质量没有缺陷，操作人尽合理注意义务保管和使用时，我们很难想象会造成什么损害。而一旦某些功能出现了本该运行但未运行或本不该运行却运行的情况，我们很容易断定这些产品出现了缺陷或故障。即便强如 Alpha Go，它的思维和活动也仅仅停留在有限的区域内，它的运算、分析和处理是有边界的。但无人驾驶汽车却不一样，它所处环境的复杂性和意外情况的突发性不是本身可以完全预见和规避的。我们可以假设，即使是人类中最优秀、最富有经验、最沉稳的司机，在无酒驾、疲劳驾驶的最佳状态下驾驶汽车在自己最熟悉的道路上行驶，也不能保证下一秒没有意外的发生并规避掉。换言之，产品出厂与事故发生之间并不存在必然的因果关系。

对此，学界存在如下解释：一是认为汽车有无瑕疵取决于是否符合产品上市标准；二是认为在没有人为干涉或第三方责任的情况下，只要是无人驾驶汽车的原因造成的事故，一概可以认定为产品缺陷，追究产品生产者的责任。对以上两种观点，学者均有质疑，在第一种学说下，符合要求的产品生产标准是什么？是由谁制定的，是否存在利益集团的影响？是否合理，由于其内部结构的复杂性，普通用户是否能够认可？符合产品生产标准的无人驾驶汽车难道就不会产生不合理的危险吗？在第二种学说下，产品责任未建立在"缺陷"之上，是否合理？是否给生产者施加了过重的责任？这样的责任模式的确有效填补了受害人的损失，但会不会对产业的发展产生不利影响？

2.学习因素的复杂性

无人驾驶汽车的不确定性和难预测性，不仅源于道路的复杂性，还源于其与日俱增的学习能力。无人驾驶系统的运行并非是程序员建立了一个现实世界的模型，再用正常的逻辑和规则处理其中的问题，更不是单纯对系统的指示和命令，而是为系统建立一个学习规则，使其通过观察世界来学习驾驶，这意味着自动驾驶汽车的行驶将会大大超出设计者的预期。

有学者指出，当用户开启驾驶模式时，其驾驶行为都会被系统记录和分析，这是无人驾驶汽车学习的重要数据来源。鉴于用户对无人驾驶汽车的影响力，可以将用户和无人驾驶汽车比作驾校中"教练"与"学员"的关系，那么无人驾驶汽车事故与用户行为之间的因果关系是否更为紧密？但亦有学者认为，系统的深度学习能力正是无人驾驶汽车的核心特征，所以其"后天的"学习和经历不仅是设计者和制造者可预料到的，而且正是他们所追求和利用的。尽管汽车的具体行动无法预测，但因其无法预测所带来的风险是完全可以预料到的。因此，设计者和生产者认识并接受了因系统学习导致汽车行为无法预测所带来的风险，应该为无人驾驶汽车的行为承担责任，正如古罗马时期的奴隶、动物的行为也并不完全可控，但并不妨碍赋予它们自由行动的保有者承担责任。

第三节　民事责任中产品责任主体认定

对于无人驾驶汽车民事侵权责任主体认定问题，学界展开了激烈的讨论，学者之间观点不一，主要分为"人格否定说""人格折衷说"和"人格肯定说"观点下的责任主体认定模式。本书现将各学术流派中最具代表性的认定模式进行归纳和评析。

一、肯定人格学说民事侵权责任主体认定模式及评析

（一）拟制人格制度模式

张继红教授认为，可以参照赋予法人拟制人格，赋予无人驾驶汽车民事主体法律地位。在个人使用时，自动驾驶汽车应作为机动车交通事故责任中的"驾驶员"承担责任，受害人的损失由其"私产"进行填补。在承担责任后，无人驾驶汽车可以参照产品责任，向有过错的机动车设计者、生产者或销售者追偿。在公共使用时，宜适用改进的企业责任，即由包括无人驾驶汽车、设计者、制造者、销售者和提供商（公交巴士公司、出租车公司和共享汽车公司）在内的汽车行业主体组成一个组织，由其组织成员共同协作为无人驾驶汽车的侵权损害承担赔偿责任。

（二）替代责任制度模式

替代责任制度模式是赋予无人驾驶汽车"电子人格"，并将用人者责任相关理论稍加修改，适用于无人驾驶汽车民事侵权责任主体的认定。杨杰教授提出，可以根据职务行为理论，把无人驾驶汽车认定为从事"驾驶行为"的特殊主体，其"驾驶行为"实质上是在为使用

人履行职务。当无人驾驶汽车发生交通事故造成损害时，由机动车使用人承担无过错责任。张力教授提出了一种更为均衡的观点，根据劳务派遣相关责任理论，将无人驾驶汽车看作"拟制雇员"，将无人驾驶汽车的生产者看作为用人单位，将无人驾驶汽车的使用者看作用工单位。当无人驾驶汽车发生交通事故造成损害时，应由其使用者承担责任，生产者有过错的，承担相应的补充责任。

（三）肯定人格学说模式评析

以上述观点为代表的肯定人格学说责任主体认定模式为我们开辟了新的航向，但本书认为上述观点无法充分解决责任主体的认定问题。首先，无人驾驶系统不具有理性，不能赋予其法律主体地位；其次，上述两种模式在法学理论上无法适用；再次，赋予其法律主体地位不符合民事法律主体历史发展规律。原因展开如下：

1.无人驾驶汽车不具有理性

在康德的理性哲学中，有理性的生灵叫作"人"。早在启蒙运动以来，"理性"已经成为法律主体的唯一抽象，依此原理，法律主体进行了从人的实在到人的抽象的演变，法人才可以按照这种类人的抽象，被拟制为法律主体。当今，无人驾驶汽车的行为高度自主，并依然不断地挣脱人类控制的缰绳，部分学者据此认为无人驾驶系统具有"理性"，应赋予其民事主体地位。本书并不质疑"理性"作为人的抽象的观点，但无人驾驶汽车的自主行为不能简单地等同于"理性"。

一是无人驾驶系统的认知能力有限，仅能模拟人类的显性智慧。无人驾驶汽车拥有两项高超的能力，一是可以通过观察世界和大量的训练数据进行"深度学习",二是在行驶过程中对信息进行收集、分析和处理,它的学习状态和工作状态与人类相似度极高,而且达到了高度的自主和智能。但人类的思维状态不仅限于此,相对于无人驾驶汽车的线性智慧,人类的大脑更加发达,思考更加复杂而深刻,拥有能动地改造自然的能力。

相比而言,无人驾驶系统对世界的认知受到很大的限制,一方面它们无法习得不能用数据体现的抽象内容,如情感、动机、直觉等;另一方面,它们只能用事先设计好的算法或通过海量数据训练自主生成的算法认识事物,并依此进行浅层次的学习、分析和执行,而不具有深层次的归纳推理和类比推理能力,更不能像人类一样对既有认知进行质疑并提出问题。

二是无人驾驶系统没有目的,其存在目的取决于创造它的人。人因理性而成为目的,不得被自己和别人当作手段。很多学者认为无人驾驶系统具有独立的意志和意识,因而具有自身的目的。在此观点中,意志或意识的"独立"是其核心所在,什么叫作独立?相对于机动车使用者还是设计者或生产者?本书认为,"独立"的概念是行为主体自我决定,但无人驾驶系统在诞生之初就是人类为了摆脱枯燥的驾驶活动而创造出来的,其目的由设计者或生产者来决定,系统的设计者或生产者会根据自己的需要为无人驾驶系统设置特定的算法,提供特定的学习数据,规定特定的行为模式。其次,无人驾驶系统虽能在一定程度上模仿人类的思考和驾驶行为,但它所有的行为都源于人类直接或间接的指令,它的行为实质上就是幕后操作者,即使用者的间接行为。无人驾驶系统从诞生之初到使用过程中,始终都是为了他人而不是自己，因此，它的存在没有自身目的，没有独立的意志和意识。

此外，更进一步讲，由于无人驾驶汽车没有自身目的，没有独立的意志和意识，便没有独立的思考，无法达到人类所拥有的自律和自由。因此，无人驾驶汽车亦无法意识到获得主体资格的真正意义，将其列入法律主体受制于法律并不能对无人驾驶汽车本身的行为产生影响。"机器只能被设计成遵守法律，却不能理解法律"。法律的指引对象只能是人类，而不是机器，就像保护人工智能创作物问题的指向并不是为了鼓励人工智能创作出更多优秀的作品，而是为了鼓励人类创造出能创作更多优秀作品的人工智能。

同理，我们想要用规则来制约无人驾驶汽车的侵权行为，只能制约无人驾驶汽车的设计者、生产者或使用者，间接地对无人驾驶汽车产生影响，而不是指望用法律的惩罚威慑无人驾驶汽车，使其提高"注意水平"。

三是无人驾驶汽车不具有情感。《心理学大辞典》中认为："情感是人对客观事物是否满足自己的需要而产生的态度体验。"一方面，情感是人类所独享的态度体验，或者从广义上讲起码在高级动物范围内享有，冰冷的机器是无法体验到的；另一方面，人的情感是建立在懂得"自己的需要"基础之上的，既然无人驾驶系统没有自身的目的，那么何来"自身的需要"呢？尽管学界对于无人驾驶汽车的伦理价值在如火如荼地开展，但即使人类为无人驾驶汽车设计了伦理选择方式，也仅仅是一种情感模拟，不能等同于人类复杂的、真实的情感。从生物学层面上来讲，人类大脑中大概有 240 万亿个突触来控制情感，我们在能预见的时间内还没有能力将这大量的突触所产生出来的复杂情感研究透彻，因此也就无法创造出拥有如此复杂感性思维能力的物种。所以，无人驾驶汽车根本无法与人类产生实质性的情感联结，其任何回应只能是早已预设的结果，其与人类情感联结的程度甚至与动物都要相距甚远。

2.无益于侵权责任问题的解决

无人驾驶汽车民事侵权责任主体认定问题不适用于拟制人格制度模式。首先，无人驾驶汽车不能独立承担责任。若让侵权责任主体独立承担责任，就必须使其拥有独立的财产。正如法人设立之初，为了通过财产独立化而产生限制责任的效果，让法人拥有独立的财产主体地位，甚至有学者认为，在本质上法人不过是人格化的资本。反观当下的政策与法律，无人驾驶汽车根本没有获取和保存财产的途径和能力，尽管学界有寥寥的声音主张用"支付工资"或信托基金为无人驾驶汽车开设账户来承担责任，但依然面临着支付不足的困难。侵权责任法律规范的主要目的是平衡侵权双方的利益，而仅用无人驾驶汽车的财产承担有限的责任，若不能填补受害者的损失怎么办？如此，受害者的损失无法及时有效地追偿，是法律对其极大地不公。

其次，在公共使用时由无人驾驶汽车、制造者、设计者、销售者和公交巴士公司、出租车公司、共享汽车公司在内的提供商形成一个组织，共同承担责任的方式并不公平，这会导致一些行业主体的搭便车行为；且不能激励组织成员尽快完善自身的制度、技术，这是陷入了另一个"责任分散"的陷阱，一旦发生事故，组织成员不会立即对自身的问题进行对照检查，而是推诿扯皮，把问题的矛头指向他人。

另一方面，对组织内部过错主体的责任追究机制看似合理，但实际可操作性不高，由于无人驾驶汽车的科技性、专业性极高，当展开专业调查时，少数的专家学者是否会有利益驱使，即使不会，调查过程中经济和时间上的成本也会远远超过侵权责任本身。

再次，赋予其法律主体地位与传统侵权责任制度并无二致。在拟制人格制度模式个人使用的情况下，当发生交通事故时，虽是由无人驾驶汽车承担责任，但其资金大致来源于汽车保有人，这种责任承担方式完全可以由保有人责任或高度危险责任修正得来。在公共使用时，无人驾驶汽车更是与设计者、生产者、销售者和提供商等众多主体同为平行责任主体，担责的作用显得更加微不足道。

替代责任制度模式同样存在着无法适用的问题。首先，在用人者责任中，用人单位为工作人员承担责任的主要理由是，用人单位对工作人员具有管理、监督、控制之力。通过让用人单位承担责任，可以有效地加强用人单位对工作人员的监督控制，以免侵权行为之发生。因此，是否适用用人者责任的决定性标准应当是：用人者对工作人员有无管理、监督和控制力。但在无人驾驶模式中，由于无人驾驶汽车驾驶行为的独立性造成了极大的不确定性和难预测性，甚至汽车会做出违反使用者意图的行为，使用者根本无法对其进行充分的掌控，此时再使二者受雇佣关系的调控实属不妥。因此，在无人驾驶侵权行为过程中，只存在造成损害的无人驾驶汽车的行为，即造成损害的直接原因；不存在使用者监督不力、管理不当的行为，即造成损害的间接原因，不符合用人者责任的基本特征。

其次，在用人者责任中还涉及用人单位向工作人员追偿的问题，即用人单位就工作人员造成他人损害的行为承担责任后，可以向有过失的工作人员进行追偿。对此，我国《侵权责任法》没有规定，但从立法资料来看，不做具体规定并非否定用人单位的追偿权，仅因为对于追偿权的限制问题争议较大，没有成熟的结论。无论从比较法上还是从国内学术观点上来看，肯定用人单位追偿权的观点乃为主流，仅是追偿权的限制程度略有不同。上文已经提及，无人驾驶汽车不能独立承担责任，使用者无法对其行使追偿权，意味着无论怎样都是使用者承担主要责任，此种担责模式与修正的高度危险责任模式并无本质区别。因此，无人驾驶汽车民事侵权责任主体认定问题不适用于用人者责任制度。

3.不符合历史发展规律

首先，法律主体的范围还未摆脱以人为核心的理念。尽管历史表明，法律主体的范围并非是一成不变的，但无并未超出自然属性上人的范围。法律主体既包括具有自然属性的人——自然人，也包括法律拟制的人——法人，但法人作为一个团体也是由自然属性的人组成，法人的意志也代表了团体成员的集体意志。因此，无人驾驶汽车不具有生命特征，区别于具有自然属性的自然人，也区别于自然人集合体的法人，将其作为民事主体，承担民事责任的观点还有待商榷。

其次，赋予其法律主体地位的必要性还未展现。对于无人驾驶汽车侵权责任问题，应着眼历史角度看待法律的演变和发展，探究法律规范是否符合时代需求。鉴于法律的适用性，法律价值通常是渐变的，少有塌方式的革命性变革。即便是现已成为共识的法人主体资格，亦是经过了长期的演变。而"人格肯定说"直接改变了现行民法基本规则，"电子人格说"更是打破了传统人物二分法的基本理念和基本规则。前文已述，赋予无人驾驶汽车法律主体地位无益于侵权责任问题的解决，表明目前还未达到需要变更现行民法基本理念和基本规则的程度，不需要断层式的发展。因此，面对无人驾驶汽车民事侵权责任问题，我们应有足够的理论自信和规则自信，积极从现行的民法基本理念和基本规则中寻找解决办法，不必急急忙忙、火急火燎地盲目革新。

二、否定人格学说民事侵权责任主体认定模式

（一）高度危险责任模式

有学者认为，可以将无人驾驶定义为"高度危险"，无人驾驶汽车民事侵权责任主体认定可以参照高度危险责任。当无人驾驶汽车发生道路交通事故时，由无人驾驶汽车的使用者承担无过错责任。本书认为，将无人驾驶汽车民事侵权责任适用于高度危险责任有一定的合理性。

首先，机动车在行驶过程中给非机动车和行人带来了不对等的风险。高度危险责任特征之一是某一活动对周围环境具有高度危险性。在机动车交通事故责任归责原则中，明确区分了机动车之间和机动车与非机动车、行人之间发生交通事故两种情况，并分别适用过错责任和过错推定责任。对于做出如此的区分，本书认为是由于机动车对非机动车、行人产生了明显不对等的风险。尽管有观点认为，现代社会中机动车普及率很高，不能将机动车认定为危险源，机动车的运行亦不属于高度危险作业，因此不能适用《民法通则》第123条的无过错责任。但是，无论机动车的普及率有多高，其给非机动车和行人带来

的不对等风险都是客观存在的，仅因为普遍使用，用其社会价值"扫除"其异常危险的性质，实在难以接受。恰恰相反，根据高度危险责任的理论基础"风险说"和"公平说"，正是由于这种社会或经济效用，才更应把机动车纳入风险作业范围内，而无人驾驶汽车作为难预测性和不确定性更强的新型机动车，其归责方式可以适用于高度危险责任。

其次，无人驾驶汽车造成的实际损害较为严重。高度危险责任的另一重要基本特征是该活动或物品的危险性变为现实损害的概率很大，例如易燃、易爆、剧毒、放射性等高度危险物致人损害的概率比普通物品要大得多。但此外，活动造成损害的可能性不是很大，但一旦发生事故，造成的实际损害非常大，后果比较严重的，也被视为具有高度危险性。例如高铁、地铁等高速轨道交通发生交通事故的概率很低，但依然被定义为高度危险作业。无人驾驶汽车民事侵权责任属于后者，原因在于无人驾驶汽车的核心是其无人驾驶系统，而无人驾驶系统属于工业化产品，必为批量生产，这就意味着一旦有无人驾驶汽车因其系统出现问题而发生交通事故，那么与其同一批次甚至同一厂家设计生产的无人驾驶汽车都会存在严重的安全隐患。而且由于无人驾驶汽车的"工作"性质，其事故多发生于公共路段，这就导致潜在受害人会很多，一旦汽车失控，将会给大量潜在受害者带来难以抵抗的伤害。因此，鉴于无人驾驶汽车道路交通事故造成损害的范围广、严重程度高，将其认定为高度危险责任具有合理性。

但该主体认定模式存在以下问题：在高度危险责任中，危险活动或危险物的作业人是赔偿责任主体，作业人可以是其所有人，也可以是其经营者。当所有人和占有人相分离时，主流观点认为危险活动或危险物的承包人或占有人作为实际操作人，应被认定为作业人，承担赔偿责任。相应的，当无人驾驶汽车民事侵权责任适用于高度危险责任时，其责任主体就毫无疑问地指向车辆的使用者。

本书认为，由无人驾驶汽车的使用者承担单边责任并不现实。一方面，此种责任主体认定方式不以产品是否存在缺陷为标准，撇清了设计者和生产者的责任，优点是可以有效降低无人驾驶汽车的价格，但如此一来将会导致无人驾驶汽车的设计者和生产者忽视无人驾驶汽车的安全性，从而难以致力于解决无人驾驶汽车的安全性问题。进一步讲，将无人驾驶汽车民事侵权责任认定为高度危险责任，很大程度上就是源于其有可能存在的大规模瑕疵问题，在此基础上却让消费者一方承担单边责任，实在令人难以接受。另一方面，无论是否是无人驾驶汽车的质量问题都让使用者承担责任，本已不公平，更何况相对于无人驾驶汽车的设计、生产企业的庞大规模和充足的资金，使用者经济水平的良莠不齐导致其并无高额赔偿能力，且分散风险的能力有限，仅能通过有限额的保险，不能将其风险分散给范围更广的更多人，这将使得受害人面临无法及时足额获得赔偿的窘境，而以无过错责任最大化保护受害人利益的初衷也将化为泡影。

（二）"道路交通事故责任+产品责任"模式

有学者认为，无人驾驶汽车民事侵权责任具有双重属性，一是道路交通事故责任，二是产品责任。当无人驾驶汽车发生道路交通事故时，构成道路交通事故责任，应根据《道路交通安全法》第 76 条认定责任比例；同时由于无人驾驶汽车的自主无人性，造成损害的原因是无人驾驶汽车存在缺陷，因此构成产品责任，应由无人驾驶汽车的生产者或销售者承担不真正连带责任。"道路交通事故责任+产品责任"模式的观点是学界主流，在理论上和实践中皆有可取之处，且符合国家发展和改革委员会对主体认定问题仅需系统化梳理和解释现有法律条款的观点，但无人驾驶汽车作为新兴事物有其特殊性，因此切不可生搬硬套，而是在传统产品责任的基础上作系统地梳理和解释。

1.合理性

首先，无人驾驶系统属于产品范畴。一方面，我国司法解释早已肯定了产品质量责任适用于机动车交通事故；另一方面，产品具有如下特征，一是限于动产，不包括不动产；二是经过加工、制作；三是用于销售，即已投入流通。无人驾驶系统作为加工、制作并用于销售的动产，应属于产品的范畴。且在司法实践中，我国也曾有法院判决将软件认定为产品，其缺陷可以适用产品责任规则。进一步来看，车辆的原始制造商经常并不是无人驾驶系统的制造商，因此车辆本身的质量瑕疵和无人驾驶系统的缺陷还应做细一步的划分。早在 2012 年时，美国佛罗里达州就进行立法，规定如果他人在汽车上安装了自动驾驶技术，则为车辆的原始制造商创造了责任保护盾。毕竟对于其他公司设计、安装的无人驾驶系统造成的错误，让汽车原始制造商来承担责任是不合理的。

其次，无人驾驶系统已全面继受了驾驶责任和义务。传统事故责任主体认定标准向来采用的是运行支配和运行利益的"二元论"，即掌握机动车运行支配和享受机动车运行利益者为责任主体。无人驾驶汽车的系统依赖性和自主无人性使得无人驾驶系统完全掌控机动车的支配，并取代人类驾驶者，全权操控机动车，这使得无人驾驶系统成为机动车的支配主体。在此过程中，驾驶的责任和义务也随着驾驶行为转移到无人驾驶系统，且由于无人驾驶汽车的特殊目的性，人类不必也不该再干预机动车的运行，此时人类驾驶者无异于乘客，而系统成为驾驶者继受了其权利、责任和义务。但无人驾驶系统不能被看作为主体，作为产品，只能是生产者或销售者继受其权利、责任和义务。因此，当发生道路交通事故时，就不应是"汽车行驶，司机负责"，而应当是"系统控制，生产者负责"。

2.存在的问题

与高度危险责任模式中的消费者单边责任制相对，上述的无人驾驶汽车民事侵权责任实质上是生产销售者的单边责任制，即在不考虑使用者违规操作、黑客侵犯等第三者责任情况下，即由无人驾驶系统的生产者和销售者承担事故责任。尽管系统已经替代驾驶人全程支配机动车，但让其生产者和销售者承担所有责任，本书认为还有待商榷。一方面，此种责任分配方式虽然能以生产者、销售者的经济优势最大化地填补受害者损失，但会直接加重企业负担，恐怕会阻碍新技术的发展和推广，不符合法经济学的理念；另一方面，在传统产品责任中，只有当产品存在缺陷，且因该缺陷造成他人损害时，才发生产品责任。但上述责任分配方式却绕过缺陷认定，直接追究生产者和销售者的责任，不符合产品责任的构成要件。因此，解决产品责任中的缺陷认定问题至关重要。缺陷认定主要从两方面考量，一是存在不合理危险，二是不符合国家、行业标准。我国现在并未推出专门的国家、行业标准，因此应尽快加快建立技术标准体系。而不合理危险的判断较为复杂，囿于当前的技术瓶颈，无人驾驶系统难以做到完全的可靠。很多人坚持认为，只有达到100%完美的可靠性才能合法，然而事实是，如果要求无人驾驶汽车零碰撞、零失误，那么我们将永远无法看到无人驾驶汽车在路上合法行驶，因为那只能是镜中花水中月，一种遐想的状态。因此，不能简单认定发生交通事故就是无人驾驶系统存在缺陷，但合理与不合理危险的界限和标准在哪里，还需进一步地研究和探讨。

此外，围绕上述问题还有一系列问题：当缺陷认定时，产品责任的免责条款是否适用？面对无人驾驶系统的复杂性，如何取证，谁来举证，举证责任如何分配？无人驾驶系统的"人机互助性"是否会对责任分配产生影响？若发生道路交通事故，且不能根据缺陷认定产品责任，受害者的损失由谁负责？是否需要保险来分散潜在的风险？

第四节 我国无人驾驶汽车致损的民事责任规制路径的完善

一、我国无人驾驶汽车致损民事责任规制存在的问题

（一）法律未规定无人驾驶汽车上路合法性

对于无人驾驶汽车能否上路，我国法律法规对其既没有肯定，也没有完全否定，仍然处于一个立法上比较模糊的状态。但是根据现行的国内安全法和国际交通法规来看，汽车上路必须保证驾驶人在持有驾照的前提下，否则视为违法，因此，无人驾驶汽车并不具有明确的合法性。驾驶汽车上路依然需要驾驶员和驾驶员的驾驶证作为双重保障，这是由于驾驶技术的需求决定，驾驶上路不仅需要驾驶员身体多个部位的协调推进，还需要聚精会神观察整个道路的交通情况，确保道路安全无障碍，这些对驾驶员的要求不是一朝一夕能够学成的本领，需要在专业的培训下锻炼大脑和四肢的协调程度和对机动车的操控熟练程度，只有在考试合格后获得专业的证件才能上路。

目前立法上仍然是没有形成对无人驾驶上路的规范。仅仅在2017年，北京市发布了两个关于自动驾驶车辆上路的相关规定，但是规定中仅是明确了其基本定义和内涵，和法律法规相比，更像是一份"宣传手册"，对于责任事宜，后果等没有进行明确表示，尽管文件中提到的一些关于无人驾驶的基本规定，但是也主要是从宏观上提供了一些参考，还没有根据司法相关要求进行阐述，因此，即使能够真正上路，也会由于司法的不健全而造成一些不必要的后果，无人驾驶车辆

上路仍然存在障碍。但是随着人工智能技术的进一步发展，世界大环境下的趋势不可逆，我们必须紧跟时代发展的潮流，在这一技术上有所突破，还要从立法上进行完善。从技术来看，需要对车辆的生产标准，保险范围，技术研发等多个方案来着手。无人驾驶仍然是当今智能化发展下的产物，如何瓜分这块"大蛋糕"，还需要各个国家自身从法律，技术层面的努力，这中间涉及的利益关系主体也比较复杂。无人驾驶能否成为新时代的潮流，能否真正代替传统的驾驶方式，仍然需要不同国家的努力。但要防止不同国家在生产上产品的同质化现象，因此，最终的"瓜分标准"仍然要从法律和技术两个方面来进行考核，市场能否准入，法律能否保障，技术能否支撑都成为亟待解决的重要问题。

（二）民事法律规范存在的漏洞及司法实践的不一致

目前我国企业仍未对无人驾驶汽车进行量产，仅部分企业开始对无人驾驶汽车进行路测和试用。2016 年 1 月我国国内发生首例自动驾驶汽车致死案例，23 岁的驾驶员在高速公路上开启汽车自动驾驶功能行驶时，未能及时减速避让最终直接撞上道路清扫车，后车毁人亡。2017 年 7 月，百度总裁李彦宏乘坐红色无人驾驶汽车开上北京五环参加百度 AI 开发者大会，且在行驶过程中，无人驾驶汽车并线时轧过实线车道线，这在我国交规中属于违章行为。

其主要表现为：关于无人驾驶汽车法律主体界定的争论，主要代表观点有主体说、客体说以及折中说；无人驾驶汽车致损的法律责任主体难以确定，所有权人、使用人、生产者、系统研发者均可能成为致损的法律责任主体；此外，无人驾驶汽车致损过错难以认定，其法律责任与传统因果关系理论相冲突的矛盾仍然难以解决，无人驾驶汽车致损的法律责任的归责原则适用等一系列问题，暴露出我国《道路交通安全法》《产品责任法》在规制无人驾驶汽车侵权责任问题时的确面临诸多挑战，必须加以研究解决。

当然在司法实践中我们也未发挥好现有立法的扩张性适用的作用，无人驾驶汽车的运行特点使得法律需要规制的对象发生变化，新技术引领下的技术革命或许会使我们重新构建新的法律责任体系。除了路测法规，我们关于无人驾驶汽车的相关研究几乎空白。制度缺失、监管缺位以及配套制度不完善，使得我国当前的无人驾驶汽车治理模式难以实现当前无人驾驶汽车发展的有效治理，不能为我国无人驾驶汽车在发展上创造更好的基于和条件，我国尚未形成对无人驾驶汽车发展的良好法律治理环境。

二、明确无人驾驶汽车的法律地位

无人驾驶汽车的发展虽然迅速，但是它在法律上的定义始终不够清晰，法律中也没有明确的规定来划分汽车的责任事故，终究到底，无人驾驶汽车的体系还不够成熟，它只是信息化时代的产物，是人工智能发展的受益者，并没有完全投入到现实生活中。以下几个观点说明了无人驾驶汽车的当前概况，第一，无人驾驶汽车始终是一种被动的行车状态，它没有主观的操作性，人的意识形态决定了操作规范和步骤，而无人驾驶汽车始终是程序控制着各种操作流程，其灵动性和可控性仍然有很多缺点，在紧急情况下无人驾驶汽车能否做出最正确的判断不得而知，实验中的数据和现实毕竟存在差距，特殊情况下的应变能力是无人驾驶汽车永远都无法媲美认为操作的地方。程序应对复杂的路况快速做出反应都是未来需要深度挖掘的地方技术。在法律规范中，无人驾驶汽车不具备承担责任的主体，它没办法独立承担事故的责任，需要制造商和经销商合力承担责任，法律主体仍然是人。无人驾驶汽车虽然有很多智能的特点，也可以免去人为驾驶的烦恼，但是它仍然不具备人的各种主观能动性特征，它没有情感的控制，行驶速度，路线始终只受到系统的预先设计而行走，不能多次变更终点，不能在行使障碍时提前做出正确的预判。它无法为我们带来驾驶技术的提升，只会让我们的生活变得更加慵懒，人类原本的驾驶技术可能会被它取代。无人驾驶技术的快速发展还可能导致安全事故的高发，由于是电脑系统控制汽车的形式，难免会受到系统障碍，信号强弱的影响而导致驾驶中的安全事故，所以在其技术完全成型之前，我们还不能贸然使用。无人驾驶的法律主体问题以及驾驶安全问题在短时间都无法得到解决，因此，本书认为无人驾驶技术现阶段仍然只能作为人工智能发展的核心产品，不能作为汽车的替代品。

三、明晰无人驾驶汽车致损的民事责任承担主体

无人驾驶汽车并不是法律意义上的没有人，其中的人也不是法律的主体者。因此在无人驾驶汽车的事故中，责任的主体一般是产品的经销商和商品的制造商，汽车本身并不具备法律责任。当事故真正发生的时候，我们需要快速定位责任人，以此来将自己的损失降到最低。如何原因导致的事故，在什么场景下导致的，其责任人也是各不相同，汽车本身的设计缺陷，驾驶者的违规操作，这些都将成为无人驾驶汽车出现事故的隐患，还有一些不可预料的因素，例如道路安全，在行车过程中，由于道路安全而导致的事故，我们又将追究谁的

责任，一系列问题都是我们在购车前需要精心考虑的问题，毕竟汽车安全才是保障我们正常驾驶的第一步。

（一）生产者为民事责任承担主体的依据

汽车生产者成为责任的主体一般是产品故障导致的。制造商承担责任的依据是《产品质量法》，制造商有责任肩负汽车安全，出厂前需要保障汽车配件的完整以及发动机引擎的调试，制造商的责任一般也可称为产品缺陷责任。制造商的产品缺陷一般表现在以下几个方面，例如产品设计不够完善，汽车智能系统存在Bug，汽车危险报警提示不够全面，这些都可能成为缺陷产品的潜在隐患。其中具体的责任场景有下面几个。情形一，如果无人驾驶汽车在自动行使的过程中发生由于系统故障而发生交通事故，那么制造商将负全部责任，因为其已经脱离了人为操作，在法律意义上使用者可以不负任何责任。情形二，如果无人驾驶汽车在行驶的过程中，驾驶者关闭系统，亲自操作汽车，这种情况下发生交通事故，将由驾驶者承担全部的责任，因为汽车已经脱离了系统的控制，完全是人为因素导致事故发生。生产者成为责任主体与汽车的质量和系统安全性有着直接的联系，自动状态下的所有故障都需要生产者来承担责任，所以生产者在制造汽车的过程中每个环节都要经过严格的把关，技术的实用性都要做好充分的研究，生产过程中的材料使用也要符合汽车行业的标准，避免因为材料问题而导致汽车使用寿命过短，而后在产品成型后，系统的配置需要作为核心研究的问题，因为系统才是驱动汽车安全行驶的保障。生产者需要在每个环节中做到精益求精，为消费者的安全肩负责任。

（二）使用者为民事责任承担主体的依据

无人驾驶汽车的使用者既是享受便捷的主体，也需要承担事故的责任，汽车享用主体分为使用汽车的本人和他人使用者，他人使用者主要包括汽车外借的使用人、租借人以及乘客。使用者承担责任也需要根据不同的场景来判定：情景一，如果无人驾驶汽车不是在自动状态下运行，而是由人工干预驾驶导致的事故，需要使用者负全部责任；情景二，使用人将无人驾驶汽车开到偏远的地带，脱离无线电的信号，导致汽车发生事故，也需要驾驶人负主要责任；情景三，使用者将汽车开到路况不好的地带，例如行使到山路、洼地、泥土路上，不顾系统的安全报警提示，执意前行发生交通事故，这种也需要驾驶人自行承担责任。使用者承担责任的场景一般多于汽车生产商，因为汽车的安全事故大部分都是驾驶人的错误操作导致的。

（三）销售者为民事责任承担主体的依据

产品部分事故需要由产品销售者来负责，其依据的法律是《产品质量法》。现实中无人驾驶的交通事故时有发生，其中一部分原因并不是产品自身的原因导致的，而是销售者的个人原因导致产品缺陷，发生交通事故，这种情况需要销售者本人承担产品缺陷的责任，为产品的缺陷负主要责任。但是责任的划分仍然要看事发的情形。下列几个情景下销售者要承担主体责任：情形一，销售者将汽车停放在了不合适的车库中，导致汽车损伤，发生事故，需要销售者自行负责。情形二，销售者在产品售出之前有义务告诉驾驶人如何保养汽车，如何发现汽车的明显故障以及什么时间段更新汽车驾驶系统，如果驾驶人没有得到相关信息，而后汽车发生事故，销售者需要承担直接责任。

各种责任场景不同，应对方案也是各不相同，所以产品缺陷问题需要具体问题具体分析，责任划分也要根据当时的情形而定。

（四）道路管理者为民事责任承担主体的依据

道路的监管人员应不应该承担交通事故的法律责任，目前尚未定论，道路质量问题以及维护不到位而导致的交通事故时有发生，现实的交通出行中，会有由于道路维护不善，而导致翻车，撞车事故的发生。为了交通出行的安全，明确责任定论，在《交通事故损害赔偿解释》第九条中阐述了相关定义，其中明确指出因为道路管理问题而导致的交通事故需要道路维护的责任人承担法律责任，依据责任划分对伤者进行赔偿。但是如果道路管理者能够出具相关的证据，证明道路维护是按照正规的标准来执行的，符合国家法律的规范，那么可以免除其法律责任。当无人驾驶汽车发生有关交通事故时，如果道路管理没有履行对道路进行维护及管理的职责，造成无人驾驶汽车产生交通事故，可以追究道路负责人的责任。在追究道路负责人相关责任时，会存在以下几类情形：高速公路的地面表面有大范围的凹陷，无人驾驶汽车由此凹陷区域而发生意外事故；当十字路口的交通灯出现异常状况，无人驾驶汽车由于异常的信号而导致意外事故的发生；当出现城市道路上路面的井盖丢失情况，道路负责人并没有对此进行处理，于是产生意外事故的。

总而言之，当无人驾驶汽车发生交通事故时，其对于追责对象的评判，同过去的机动车产生的交通事故有很大的不同，同时这两种情况的追责对象也不一样。而无人驾驶汽车的追责对象应按照阶梯式方法来进行对象的判定。若在造成意外事故时，无人驾驶汽车为自动操作情形，所以首先会需要向制造商追究责任，进一步再判断有无需要向制造商追究责任的特殊情况，包括对无人驾驶汽车的卖方、驾驶人、道路负责人等其他追责对象问责的情况。

四、完善无人驾驶汽车致损因果关系的认定

侵权行为和受损情形之间存在着某种因果关系，因某侵权行为的发生，导致相关客体的利益受到损害，从而应当向发起侵权行为的主体进行侵权责任认定。这样的因果关系在追责过程中扮演着重要的角色：当机动车发生意外的交通事故时，就体现在因驾驶行为而造成了利益受损的因果关系；当产品出现有关问题时，就体现在因产品的某方面不足而导致消费者利益受损的因果关系等。

产品存在不足同造成客体利益受损存在着因果关系，这是需要向生产方追究责任的前提条件。为有效解决处理因无人驾驶汽车而产生的追责问题，能通过下列两个角度去考量：首先，要明确针对自动驾驶汽车的不足程度，来制定相应标准的规范。前提条件是无人驾驶汽车的不足程度需要明确的标准规范，在追究产品的相关责任时，首先需要解决这一产品的不足标准没有相关法律规定来支撑。无人驾驶汽车的不足能根据该类别的不足进行进一步分析，还另需充分考虑无人驾驶汽车的无驾驶员这一点，导致哪种不同的不足，以及在哪方面进行体现等等。有专家表明其无人驾驶汽车的制造不足能根据有关规范进行判断，但设计、警示方面的不足因无明确标准而导致无法判断，这就必须对技术进行深入充分的分析并且完善有关标准。所以，无人驾驶汽车也能够符合有关的国家及行业规范，若不达标即为存在不足，这些规范涵盖了统一的技术、安全规范条例，如此一来不仅能推

动无人驾驶汽车行业实现更好的发展，也为其提供相应的法律保障，还在此行业设定了准入门槛，唯有达到标准规定的汽车才可以用于驾驶，这也为日后的认定不足的提供了相应的参考规范。同时还要符合"不合理标准"的有关规定，则需要从驾驶员角度出发，即安全为首要的前提下满足消费者对无人驾驶汽车便利的需求。其次，合理调整针对追责的有关情形。上文已有阐述如今产品的特殊免责情形无法明确，则就此给出对应的意见。简而言之，需要更严格地对如今产品的特殊免责情形进行相关规范限制，具体体现为以下两点：第一，能对第二条免责情形里的不足判定为是因驾驶员的操作不规范而产生的产品不足，当与有关规定相悖时，无法进行相关设备的优化，当行驶于无法进行自动驾驶功能的路面上时等等其他情形，从而缩小该类免责情形的范畴，加大制造商的援引难度。第二，使第三条中的"科学技术"解释说明为全球范围内最顶尖的检测技术，而非仅仅为某一国或特定地区的最先进技术水平，这样一来一方面可以推动生产者不断完善其自身技术，还有利于生产者以更为严谨的态度，更细致的对待产品，从而进一步降低因生产产品不足而产生意外事故的风险。需要特别说明的是，我们也应当尽力协调救济维护受害人利益与科技创新的发展二者之间的关系，无法过分苛求生产者，需要适当的鼓励生产者的生产积极性以及推动产品的创新、优化升级等。当由于驾驶员明显的使用失误而造成的不足，由第三方如黑客攻击等情形而产生意外事故的出现，需认定为生产者免责情形，而对于消费者的利益受损，能借助其他有关办法来进行保险等相应的办法处理。总的来说，要完善判断无人驾驶汽车的相关追责对应的因果关系，第一，存在人工驾驶及无人驾驶的事实情形下，重点在区分其托管义务，能借助相关的法律法规，针对托管行为进行标准评判。第二，在有关证据的收集过程中，能借助黑匣子来协调判断，通过完善地区的黑匣子信息系统，赋予其一定的法律效力，使其能成为证据而被采用，并实施倒置的举证责任办法，让有更好的技术的生产方负起相应的更重大的责任。第三，在处理产品不足的免责问题时，明确规定无人驾驶汽车系统的统一规范的技术、安全标准，且在一定程度上满足驾驶员合理的期待来明确其不足的判断，并根据已有产品的免责情形加以做出改善。而所有的有关条例规定都应当尽可能地协调救济维护受害人利益与科技创新的发展二者之间的关系。

五、完善无人驾驶汽车致损归责原则的适用

行为主体由于自己的过失造成了人身或财物损害后，我们应该根据什么标准使其承担行为主体本该承担的责任，将损害与应承担责任相联系的就是"归责"。在全部责任归属问题中，不仅包括事实真相的探究也包括了价值的判定，也就是说，我们应该在保证受害者获得理应得到的权益的同时，公平处罚侵权主体。在我国，已经存在的包括：严格责任原则、过错推定责任原则、无过错责任原则、过错责任原则、公平责任原则。对于这些原则，每一个都有自己的适用情形。所以我们要思考的是，对于无人驾驶汽车的归属问题，我们可不可以继续沿用这些原则就是说在无人驾驶汽车的事故处理中是否可以直接套用。如果可以套用，是直接使用还是经过一定的处理以后再使用；如果不能使用这些原则，那么我们应该使用什么原则来处理无人驾驶汽车的事故问题？适当的做法是，应考虑到无人驾驶汽车特殊性以及

各种可能发生的情形，分别适用不同的归责方法。

（一）无人驾驶汽车之间发生交通事故

如果事故双方都是无人机驾驶汽车，那么我们可以采用谁有过错的方法进行责任判定。在这种情形下发生的交通事故通常是由于无人驾驶汽车的自动驾驶系统出现问题或是导航仪出现问题。如果事故发生双方是同种类型的无人驾驶汽车，我们可以先判定谁的过错更大，然后再进行责任的判定，看看哪一方应该承担的责任更大一些。如果责任较大的一方，是由于没有定期维修保养汽车或是使用者错误设定了行驶路线，如果是因为这些原因那么可以酌情减轻甚至免除另一方的责任。也就是说，哪方失误，哪一方承担责任，哪一方失误大，哪一方承担的责任就越大。本书认为过错责任原则适用于事故双方都是无人驾驶汽车的情形，考虑的较多的方面是事故双方都是无人驾驶汽车，所以不存在谁强谁弱的问题，那么就不能使用严格责任原则，因为这一原则的适用情形是如果一方所做的是高危工作，从而给另一方带来了伤害。也就是说，对于无人驾驶汽车来说，不管哪方做出什么行为，行为的危险性并不会影响责任判定。通过以上叙述，我们认为过错责任原则适用于事故双方是无人驾驶汽车。

（二）无人驾驶汽车与普通机动车发生交通事故

有一种情形过错责任原则依旧适用，就是事故双方分别是无人驾驶汽车和普通机动车。因为在这种情况下发生的交通事故，有可能是因为普通汽车的驾驶者疏忽没有按照交通规则行驶，也可能是因为无人驾驶汽车的自动驾驶系统本身的缺陷导致了事故发生。不管是哪种原因，不管过错方到底是谁，过错责任原则都可以适用，也就是谁有错谁承担责任。综上所述，如果事故发生是因为普通汽车驾驶者的疏忽，那么普通汽车的驾驶者就需要承担相应的责任，这是十分合理的。因为汽车就是一个没有意识的产品，也就是在驾驶过程中所发生的一切行为都是由于司机的错误驾驶行为，那么将事故责任归咎于司机是理所应当的。但是由于无人驾驶汽车比较特别，如果事故发生的原因是无人驾驶汽车的过错，那么就应该采用不同的方式来处理了。最关键的地方是无人驾驶汽车并没有真正的驾驶者，那么一旦发生事故责任应该归咎于谁呢我们可不可以认为是无人驾驶汽车使用者的过错呢？在这个问题的处理上，可以参照消费者权益保护法中的追偿制度，也就是使用者承担责任以后可以要求制造商赔偿相应金额。另一种办法是将主动权给受害者，让他选择让哪一方赔偿，可以选择制造商也可以选择汽车的使用者。这一方法参照了消费者权益方法中的自主选择责任承担者，表现出法律是建立在人之常情基础上的。

（三）无人驾驶汽车与行人或非机动车发生交通事故

如果双方分别是无人驾驶汽车和非机动车或者行人，那么在这种交通事故中，由于在行驶道路上，汽车相对于行人或非机动车来说，是处于优势地位的，但是也考虑到无人机驾驶汽车的特殊性，在这类交通事故中，对于不同的情形我们可以采用不同的归责方式。假如说交通事故的发生完全是无人驾驶汽车的智能驾驶系统存在的问题导致的，那么我们可以根据前文提到的把责任归到无人驾驶汽车的研发者和制造商身上，因为这种情况没有办法让人或者其他因素来承担责任。如果事故发生的原因也包括行人的错误或者非机动车的错误，那么可以根据实际情况相对公平地减轻无人驾驶汽车系统的设计者和制造商的责任。若是行人没有遵守交通规则或者非机动车没有按照行车规范行车从而导致事故的发生，那么可以根据现有的《道路交通安全法》相关规定，如果有办法判定非机动车或者行人是过错方，可以根据实际情况减轻机动车的责任承担；如果机动车并没有过错，那么只需要承担10%以下的赔偿责任，也就是说有10%的无过错责任需要无人驾驶汽车的所有人或实际使用人承担。如果是行人或者非机动车有意为之而导致了交通事故的发生，比如故意碰瓷等行为，那么无人驾驶汽车可以不承担任何责任。根据不同的情形采用不同的归责方法，一方面考虑到了无人驾驶汽车的特性，另一方面也考虑到行人和非机动车处于比较弱势的地位，这种方法体现了法律的公平公正原则。

六、无人驾驶汽车致损的民事责任承担形式

（一）交通事故侵权责任的"双轨制保险模式"

无人驾驶汽车从信息数据的收集的程序代码的编写、校验都需要依靠非常专业的团队来进行。对于 L4 无人驾驶汽车而言，对数据收集的完整性以及程序的稳定性、系统的流畅性要求更高。以谷歌研发的无人驾驶汽车为为例，谷歌从2009 年开始逐渐成立完善无人驾驶汽车的团队，用了 3 年时间来收集有关无人驾驶汽车行驶时所需的大量的街景数据，组建自己的地图数据库，并构筑了自己专用的信息集成系统，这项工作在 2013 年又进一步升级为复杂城市道路实地勘测，直到2012 年谷歌才获得无人驾驶汽车路试牌照，截至 2018 年已经在美国的四座城市进行了道路测试。可以说，谷歌的无人驾驶汽车进程在全世界来说是名列前茅的，尽管在长达 500 万公里的路试过程中出现了超过 25 例交通事故，但这并不影响谷歌对无人驾驶汽车的研究进程。在

系统设计上，谷歌的驾驶专利高达145组，远高于百度的91组。类似的，国内外无人驾驶公司如百度、威马汽车、长安、北汽、一汽、吉利、腾讯、阿里巴巴等都在致力于研究智能水平更高、运行体系更完善、消耗更少的自动驾驶汽车。但当前无人驾驶汽车的系统仍然存在许多不完善的地方，这种缺陷可能是无人驾驶汽车主动性暴露自身的缺陷，也有可能是来自第三方非法入侵的被动式暴露。不管是主动性暴露还是被动式暴露，系统一旦发生故障，对于即将运行或正在运行的无人驾驶汽车而言都是非常危险的。

为降低无人驾驶汽车发生系统故障的可能性，尽可能降低因无人驾驶汽车故障而造成的人财损失，则首先需要强化无人驾驶汽车公司的安全信息系统建设，多方面收集相关的数据，提高无人驾驶汽车的实时应变能力，推动其自我信息保护能力建设。其次，还应该积极构建相应的保证制度和保险制度。本书认为，无人驾驶汽车应该适用于"双轨保险制度"，原因主要有两点：一是无人驾驶汽车属于高速运动机动车，人为制动降低风险及避免事故进一步扩大的可能性较低，无人驾驶汽车作为拥有独立民事行为能力的主体应强化自身的制度化建设；二是无人驾驶汽车发生交通事故时的责任主体厘定难度大，相对比传统机动车更容易发生当事人互相扯皮的现象，最终将导致事故双方当事人的合法权益无法得到及时有效的保障。

不过也有学者指出，基于无人驾驶汽车最主要的风险负担来自非人为因素，因而在企图寻找风险最小化的解决方式时应该将同时实施"双轨保险"制度和赔偿基金制度，依旧规定无人驾驶汽车应将第三者责任作为强制险也就是应该立法规定无人驾驶汽车购买机动车强制责任保险和产品责任强制保险，并将无人驾驶汽车的事故安全责任与社会基金相挂钩。也有学者提出，仅仅依靠第三者强制保险无法从根本上解决无人驾驶汽车交通事故中的损害赔偿责任，而应该建立无人驾驶汽车生产者、系统软件研发者以及智能服务的各个提供方共同参与的保障金制度，他能定期向交通主管部门缴纳保证金，从而将对无人驾驶汽车的管理权分流到相关的交通管理部门中，一旦出现无人驾驶汽车厂商未履行或拒绝履行损害赔偿责任，则有交通管理部门对相关组织机构进行问责，同时扣留其保证金用于损害赔偿事项。

（二）产品侵权责任

在《侵权责任法》里，有针对产品责任的相应规定，其通常从因产品导致的意外事故而的进行追责情形的原则及主体的角度来考虑。上文里已对分别生产方、销售方和第三方进行追责的实际情况做出了解释说明，并对于自动驾驶汽车的追责标准给出了法律依据。对产品的追责标准整个过程是很漫长的，它是由合同规定到过失制度再发展到目前的无过失制度，在侵权责任的相关法律法规里实施哪种归责制度存在众多不合意见，目前被大众普遍接受的制度是对生产方及销售方进行无过错责任实施。

根通过《产品责任法》里的相关条例：若为生产者生产过失造成利益受损的情形，不包括法定的免责情形，均属于向生产者追责情形，即为相对无过失制度。而站在销售者角度考虑，销售者需要向消费者签订相关买卖协议，消费者能依据买卖协议里的有关规定对销售者提出追责要求；如果是由于产品本身的不足而造成消费者的利益被损害，消费者有权依据相关规定向销售方或生产方提出相应的赔偿要求。生产方需要负起产品的无过失责任，而销售方需要通过《侵权责任法》里的有关条例，当存在由于自身过失而造成产品的不足的情形时，此时需要向销售方进行追责。这样一来，销售方所需要负的责任同样为相对无过失责任。对于无过错责任，可以通过《侵权责任法》的相关条例，进一步判断是否为主体的行为过错造成相关利益受损，根据法规判断行为人的侵权行为有无过失；并对利益受损事实同产生行为进行相关的因果关系的判断，则对于产品有无不足为明确追责对象的关键。通过《产品质量法》的相关条例，产品存在不足为其产品自身有涉及人财风险问题，若产品的问世需要符合一系列有关行业及国家的标准，产品不足则说明该产品不达标。所以，进行明确产品有无不足需要根据下列规范：在有标准的前提下判断达标与否；即使达标，还要考虑有无其他风险问题；若产品无对应相关标准，则需要判断有无其他风险存在。有关专家解释了"产品问责的关键是对'不足'的说明"，由于也存在相对主观的想法，则需要对其进行统一明确的规范，使其达到一定标准，最终实现无不足则不需要承担责任。

根据产品存在不足的类型，通常包含了三分法、四分法以及五分法，本书将四分法作为主要标准，由于其更能明确产品不足的认定规范，它不仅包括了设计、警示、制造方面的不足情况，还包括对产品的追踪观察方面存在不足的情形。追踪不足的最终目的是推动产品实现更好的发展，使其在出售后仍处于生产者的视野范围内对其进行后期维护的职责，这样一来能够在很大程度上降低意外事故发生的风险。上述解释说明了，这种追踪不足能在保障用户的体验的同时，仍然使产品处于生产者的职责范围之中，可以有效避免因生产者的过失而造成有关的事故。所以，将"追踪不足"纳入产品不足范畴显得至关重要。在侵权责任的法律法规里，并未对产品相关免责情形进行详细说明，仅仅提到了"其他条例对追责问题有其他说明的，根据有关条例依法处理"，上述的其他条例即为《产品质量法》。按照《产品质量法》里的条例，有下列三种情形发生，均可判定生产者免责：首先，产品并未问世使用；其次，当产品投入使用时，造成的事故并不是由于产品不足导致的；最后，其现有科技水平无法说明产品不足的。上述最后一种情形才为本书分析的重点。而这种情形在行业内被评价为"发展风险抗辩"，即为当投入使用该类产品时，的确是存在产品不完善的情形，但是按照当前技术水平无法判定是否是由于该不足而导致事故的发生。针对是否允许将发展风险抗辩纳入免责情形范畴，行业内有较大争议，否定者持反对态度，他们指出，生产方比使用者更清楚地了解产品的相关问题，特别是包含较专业的有关产品技术方面的具体情况，生产者是否会因逃脱责任而作伪证的情况无法辨别。可以就需要把发展风险抗辩纳入免责情形，生产者不仅为受益者，同时也是为社会做贡献及为科技发展出一份力的参与者。我们应从推动科技的发展的角度出发，尽可能地为生产者着想，而不能仅着眼于消费者的自身个人利益。

同时，对于产品的"发展风险"也需分析其投入使用的时效性。一般当产品设计、生产结束后，需要通过销售者来进行交易从而投放给消费者使用，即使整个过程需要一定的时间，但由于整个过程不会耽搁太久，所以一般对技术水平的判断无特别重大的影响。于是，可以考虑将产品投放市场进行使用的节点可作为临界点，统一进行认定目前的技术水平范围。另外，针对免责情形里中"目前技术水平"的说法有较大的争议，焦点在于其技术水平的地区范围，即是根据某一国家还是按照全球范围来进行判定。通常情况下，某一国家范围里无信息不对称的情形，且本行业的相关生产者之间对竞争对手的实力相对清楚，对于产品研发、升级技术为不断优化完善的过程。若单单凭借某一国目前的技术水平来进行评判，则会产生大多数生产者均符合免责情形的规定，则这类免责情形无法体现其应有的意义。现在最客观的解决方案为针对免责情形制定统一的技术相关标准。产品的生产是在已有技术的基础上进一步优化产生的，产品的设计者需要明确自己的产品需要怎样的技术水平来实现产品更好的发展。所以当列举有关免责情形时，要按照产品的自身定位明确其技术水平的标准，如必要时设计者需要向生产者传达自己的设计理念及相关技术要求。当该类产品在市场里已存在相似产品，则需要在设计过程里包含竞品数据分析，同该类相似产品的技术水平进行对比说明，进而来判定涉及生产者的免责情形能否符合标准。而针对科技发展，需要我们尽可能地给予耐心和包容，因为当前的科技水平的确有限，还存在许多进步和完善的空间，所以我们要积极推动科技实现更好的发展。同时，站在销售者的角度考虑，《产品质量法》里提到的免责情形尚未包括销售者有关的免责情形，若要向销售者问责，其本质也是由于生产者而导致事故的发生，这也为销售者提供了一定的追偿保障，因此销售者同理也符合免责情形的。

第四章 无人驾驶汽车交通事故中的刑事责任

第一节 我国无人驾驶汽车交通事故侵权责任主体理论

在我国，交通事故案件中无人驾驶（自动或辅助驾驶）汽车的比例不断增长，其具有不同于一般汽车的特殊性，无人驾驶汽车中并没有驾驶员的参与，因此并没有自然人对事故的发生承担责任。另一方面无人驾驶汽车由于高度的智能性，不能够适用缺陷产品的归责原则。因此如何对我国的无人驾驶汽车的交通事故的侵权责任的主体进行界定成为公众所关注的重点话题，目前主要有单一责任主体说与共同责任主体说两种观点。

一、单一责任主体说

（一）车主责任说

车主责任说的观点认为在无人驾驶汽车发生的交通事故中，应当是由无人驾驶汽车的车主即所有者作为侵权主体承担责任，其认定的原因在于无人驾驶汽车是作为乘车人的驾驶工具，在无人驾驶的过程中，人工智能的智能性能够自主的选择驾驶路线，以及在驾驶过程中对障碍物进行回避等行为，无人驾驶汽车并不是一味听从乘车人的指示，而是在失去了控制后，能够自主选择驾驶行为的主体，根据周边的交通状况做出相应的反应，及时躲避障碍物并且能够保持道路规定的速度行驶。但是无人驾驶汽车的行驶过程缺乏车辆驾驶员的控制，对其的程序运行并不了解，因此将会对公共交通安全产生威胁。但是同样我们应当要认识到，无人驾驶汽车中所运行的人工智能是由汽车的所有人进行授权的，因此无人驾驶汽车所发生的交通事故的侵权责任应当是由汽车的所有人承担。在美国的车辆管理系统中无人驾驶汽车的人工智能可以被拟制为驾驶人员，这也是为车主承担侵权责任提供理论依据。

（二）使用者责任说

根据美国关于道路交通车辆的自动化的划定，无人驾驶汽车可以划分为两种模式，分别是半自动化模式与全自动化模式，两种模式各有优缺点。在全自动化模式下无人驾驶汽车的能够根据系统设定进行驾驶行为，但是对于危机发生的反应速度较差，需要人工的介入。也就说汽车的使用者对于无人驾驶的汽车的控制才是最基本的控制行为，无人驾驶汽车的使用者才应当要承担侵权责任。即使是在全自动模式下，非驾驶员地位的乘车者都应当要承担侵权责任。这是由于无人驾驶汽车中缺乏专业的驾驶员，乘坐传统驾驶人员驾驶的汽车时，乘客应当要相信驾驶人员的驾驶技术，不需要做任何的注意车况的义务。但是在无人驾驶汽车中，由于是人工智能控制汽车的行驶与躲避障碍物，这便要求乘客应当要对周边的环境做好随时反应的准备，以便应对突发情况，这也是人工智能驾驶汽车对于乘客提出的要求，因此汽车的使用者应当要做好随时的注意义务，也是无人驾驶汽车的义务要求。而在半自动化的模式下，对于驾驶汽车的责任主体来说应当是汽车的驾驶员，其对于汽车的行驶过程能够有绝对的掌控力。

（三）制造商责任说

制造商责任说是基于无人驾驶汽车的高度的智能性，其是人工智能科技发展程度较高的产物，由于人工智能产品不具有法律主体的资格，因此对于无人驾驶汽车的侵权责任的承担者应当要追溯至产品的制造商。当无人驾驶汽车在发生交通事故时，被认定为是交通领域的缺陷产品侵权，因此应当要归责于产品的制造商。无人驾驶汽车的受害者需要证明两个事实，一是证明无人驾驶的汽车产品存在缺陷将会对社会造成威胁；二是由于产品中的缺陷而造成了受害人的损害发生。由于无人驾驶汽车的高度智能性，能够根据路况的不同随机转变驾驶方案，因此对于无人驾驶汽车的行驶的算法逻辑复杂性难以界定，事故的原因难以分辨，受害人的损害原因也难以找出。因此将无人驾驶汽车的制造商作为侵权责任的主体符合公平正义的价值理念，受害人能够得到有效的赔偿，制造商也能够通过强大的经济实力进行赔偿，有效地减少诉讼纠纷的成本。

二、共同责任主体说

（一）关联企业承担连带责任说

管理企业承担连带责任说的理论基础是基于企业的责任理论，企业的责任理论认为企业通过制造产品进行销售，并且获得了经济利益，应当要承担产品可能对社会公众所造成的风险，并且对于受害人的赔偿也应当要纳入企业的成本管理中。企业责任理论的基础在于企业制造的产品导致了事故的发生，参与到了无人驾驶汽车的制作中，并非是由于企业的生产错误而导致了事故发生。在无人驾驶汽车所导致的交通事故中，受害人碍于科技水平的原因导致举证较难，因此按照企业责任理论应当是由涉及无人驾驶汽车的开发、生产以及销售等关联企业都应当作为赔偿主体，并且实行举证责任倒置，若是关联企业中的任何一方企业能够举证证明企业的行为与无人驾驶汽车的交通事故的发生毫无关系，则不需要承担任何的责任。

（二）购买使用者和生产销售者共同责任说

在《道路交通安全法》中对于传统驾驶汽车所发生的交通事故的认定的原则是过错责任，由驾驶员承担不当的驾驶行为所带来的后果。在《侵权责任法》中对缺陷产品实施的是严格责任，无人驾驶汽车若是有人为的因素介入，可以按照我国的《道路交通安全法》的相关的规定判断驾驶过程中是否存在不当行为，而后根据对交通案件的事故分析是由汽车的使用人或者是所有人承担责任；若是在无人驾驶汽车中并无人为因素的介入，则无人驾驶汽车所发生的交通事故可以被视为是产品的缺陷，应当要按照《侵权责任法》的规定对于产品的生产者以及销售者进行责任的追究，受害者可以向产品的生产者进行追偿也可以向销售方进行追偿。

第二节 无人驾驶汽车交通事故侵权责任主体理论评析

一、单一主体责任说增加责任主体负担

对于单一主体责任说的观点，本书认为无人驾驶汽车所发生的交通事故包含两种法律关系，其中一种是购买者与销售者之间的对于无人驾驶汽车的购买合同关系，此合同关系将会导致无人驾驶汽车的所有权发生转移，合同关系要求销售方必须要确保产品的质量安全，不仅要保证车辆的驾驶的安全，而且应当保证无人驾驶汽车的人工智能的系统是处于正常的运行之中。另外一种的法律关系是损害赔偿的法律关系，该关系是由于驾驶机动车辆的当事人违反了道路交通的安全法规从而导致了交通事故，是受害人受到损害能够请求赔偿的法律关系。买卖合同关系是购买者与销售者的内部的法律关系，而损害赔偿关系则是驾驶者与受害人的外部关系，合同的相对性要求不得以内部的法律关系对抗外部的法律关系。因此在无人驾驶汽车发生交通事故时，无人驾驶汽车产品的驾驶是否符合标准是产品是否存在缺陷的判断标准，但是人工智能的软件设置是否存在缺陷则难以证明。在交通事故发生之后，受害人受到的损害可以请求赔偿，按照单一主体责任说的观点，受害人可以选择车主、适用者或是制造商等任意一方要求赔偿，但是在无人驾驶汽车的过程中究竟是何种原因导致的交通事故难以分辨，因此运用单一主体责任说将会导致单一主体承担过重的责任，不利于赔偿主体的认定。

我国的道路交通法律中明确的规定在交通事故中，机动车在存在

过错时，应当要承担责任，而机动车不存在过错时，也应当要承担不超过百分之十的责任，因此机动车承担责任的前提是机动车存在了过错。但是在无人驾驶中缺乏真实的驾驶人员，那么对于无人驾驶汽车的产品中存在缺陷是否能够被认定为是机动车的过错呢，这在学术界是存在争议的。若是将无人驾驶汽车产品的缺陷认定是机动车需要承担责任的重要原因，将会导致过分的加重机动车的负担，同时也会在实践认定责任主体时产生不公正的现象，对于无人驾驶汽车中的产品缺陷不能够作为认定机动车的过错的因素。

我国对于产品的责任归责原则实行的相对无过错责任，只要产品造成了受害人的人身或者财产权益受到损害，企业应当要对产品的缺陷承担责任，生产者只有符合法律规定的三种情形才能够免除刑罚。即产品并未投入到市场中、产品使用时造成事故并不是由于产品不足导致、现有的科技水平无法说明产品不足。对于企业的发展来说，受到了现有科技的限制，生产商对于企业生产的产品只能够基于现有的科技水平进行生产，不能够对产品未来的缺陷做出弥补，因此在鼓励科技发展的理念的指导下，对于企业的现有科技水平不能够发现的缺陷是不受到处罚的。无人驾驶汽车同样也应当在此规定范围内，对于新兴的无人驾驶汽车技术，若是一味将责任主体归于企业，将会导致企业承担的责任过重，不利于企业对于科技创新的投入。同时企业为了避免高额的赔偿，会为产品购买保险，而保险公司为了能够分担风险，将会从消费者处收取高额的保险费用，最终将所有的经济压力投向了消费者，因此若是将责任一味投向生产商，将会不利于我国的科技创新并加重消费者负担。

二、共同责任主体说的责任主体范围有待商榷

相对于单一责任主体说，共同责任主体说的责任主体范围有所扩大，不再局限于某一单一的主体，这一理论的提出似乎能够解决无人驾驶汽车的侵权主体过于单一的问题，但是实质上却会导致无人驾驶汽车的侵权责任的主体存在极大的模糊性。

在对于关联企业承担连带责任说的理论，将会出现主体范围过于宽泛的缺陷，将研发、生产以及销售的企业都纳入承担责任的主体范围之内，导致责任主体过于分散，各个企业所承担的责任难以界定，反而不利于对受害人进行赔偿。如在关联企业承担连带责任理论中将零件供应商、销售商以及研发者等都纳入侵权责任主体中，将会导致受害人可以向关联企业的任意主体要求赔偿损失，再由实际赔偿的企业按照责任的划分向其他的企业进行追偿，虽然通过该种方式可以有效保障受害人获得赔偿，但是却有更大缺陷，如在管理企业中的零件供应商，其零件的供应只要符合制作的标准且并没有造成威胁，则不应当承担无人驾驶汽车所造成的交通事故责任，而将这些企业作为责任主体，将会导致这些企业遭遇商业风险以及过重的负担，容易导致企业破产的后果。同时关联企业中责任划分也较难界定，难以准确划分各个企业应当承当的责任，从而导致企业的内部追偿的纠纷久拖不决。

第二节　我国无人驾驶汽车交通事故侵权责任 主体界定

无人驾驶汽车导致的交通事故责任是一种新型的侵权责任，其因果关系存在不明以及侵权责任的承担者不明，而导致该种不明的原则因是由于自动驾驶的高度智能化，国内法律规范对该种情况的规制内容较少，单一责任主体说过于加重单一主体的责任负担；而关联企业承担连带责任理论过于扩大了责任主体的范围，不能够准确的界定责任主体，因此本书认为使用购买使用者与生产销售者共同责任主体的理论进行界定无人驾驶交通事故中的侵权责任主体较为恰当。

一、选择共同责任说的理论基础

无人驾驶汽车所导致的交通事故的责任主体的界定，应当要对无人驾驶汽车的交通事故进行界定。无人驾驶汽车的交通事故发生在汽车的行驶过程中，汽车的使用者以及人工智能系统对于无人车辆的行驶共同的发挥作用，根据我国现行的法律条文中规定无人驾驶汽车只能够作为客体，法律责任需要责任主体进行承担，因此出现了受害人明确，但是加害人模糊的现象。当无人驾驶汽车发生交通事故时，并不是单一的驾驶人或是制造商的行为所造成的，不能够归属于单一方的责任，因此将无人驾驶汽车导致的交通事故定义为单一的主体是不可取的。

而无人驾驶汽车导致的风险是使用者行为的风险与汽车自身的风险共同构成的，并且当交通事故现实化后，难以判断各自主体所承担的责任的界定，因此将购买使用者与生产销售者作为共同的主题承担无人驾驶汽车所导致的侵权责任是具有合理性的。

将无人驾驶汽车的侵权主体定位于购买使用者与生产销售者，能够共同的分担责任负担，有效保障受害人的权益。同时共同责任主体的界定能够更好地发挥法律的指引作用，无人驾驶汽车所导致的分线不仅存在于公共交通中，而且存在于产品风险范围内，因此在公共交通中的无人驾驶汽车的使用者将会尽到谨慎义务，能够有效地避免交通该事故的发生。而生产销售者在生产产品的过程中也会加强对技术水平的提升，以保证自动驾驶系统的准确性。

二、共同担责说的原因分析

（一）购买使用者

将责任主体定位于购买使用者的首要原因在于，使用者能够在无人驾驶汽车的过程中随时的掌握行驶过程中的风险，并且在人工智能发生错误时随时进行纠正，做出符合交通秩序的行为。有学者认为，既然是无人驾驶汽车，则不应当有使用人的义务所在，本书并不认同该种想法，无人驾驶汽车是汽车发展技术的一种体现，是作为汽车的附属服务，使用者在使用汽车时可以选择使用无人驾驶的模式，也可以选择放弃无人驾驶的模式，但是使用者的谨慎注意的义务并没有因此而被免除。在机动车驾驶的过程中，无论是传统的驾驶模式还是无人驾驶汽车的模式，使用者都应当要尽到谨慎的义务，并且不能够因无人驾驶汽车的人工智能系统出现错误等原因而被免除承担责任。车辆的所有者也是应当要承担责任的，即使所有者并未使用无人汽车，但是作为对车辆的行驶规律以及属性最为了解的当事人，有义务对他人使用无人驾驶汽车时告知义务，否则当无人驾驶汽车发生交通事故时，所有者也应当要承担汽车的运行风险，并承担相应的责任。

（二）生产销售者

生产销售者作为无人驾驶汽车的侵权责任主体的原因在于，生产销售者能够预防无人汽车产品的运营风险。无人驾驶汽车的危险性是来源于人工智能运行系统的技术问题，是无人驾驶汽车所特有的并且无法准确进行界定的。而无人驾驶汽车作为新型的技术车辆，自然应当高于传统汽车产品制作的标准，因此缺乏准确的国家标准对无人驾驶汽车的技术进行评定。因此生产销售商应当更要对无人驾驶汽车的产品风险进行提前的警示，并且应当要着重说明，同时在销售的过程中对购买者进行安全教育以及法律风险的告知，让购买者在购买无人驾驶汽车前便知晓所要承担的风险，同时在广告宣传的过程中不得有错误的宣传信息，在无人驾驶汽车发生故障时以提醒的方式警示使用人应当要进行干涉以避免交通事故的发生。若是由于生产销售者未尽到应有的风险警示义务而导致的交通事故，将会承担相应的责任。因此将生产销售者作为无人驾驶汽车交通事故的侵权主体能够更好地推动生产销售者生产更加安全性的汽车产品。

第四节 无人驾驶汽车交通肇事争议问题分析

一、相关主体及其刑事责任分析

（一）无人驾驶汽车的生产者、制造商适宜作为刑事责任主体

在无人驾驶汽车逐渐普及的今天，汽车生产领域，谷歌、百度和特斯拉等各大生产商都在大力研发和制造无人驾驶汽车并在符合条件的情况下将汽车投入道路测试以及实际运营当中，无人驾驶汽车的生产者、制造商是无人驾驶汽车这一科技产品最初的创造者，在设计、制造和研发的过程中，生产者、制造商对无人驾驶汽车的运行标准、智能等级、系统数据准确性、安全隐患等问题相对于汽车从生产到上路运行链条上其他的参与者具有最初和最全面的认识，只有汽车完全符合自主运行的标准才允许将汽车投入运营。在无人驾驶汽车交通肇事的案件中，由于无法对无人驾驶系统本身进行定罪量刑，更无法认定其违反相应的注意义务，在此种情况下，追究人工智能系统的责任没有理论和现实依据，但是对于无人驾驶汽车造成的严重损害后果不对相关人员进行追责，在刑法上不利于对法益的保护，因此，在无人驾驶汽车领域作为汽车创造者以及汽车投入运营起决定性作用的生产者、制造商应当赋予其程度更高的注意义务，这种注意义务不同于交通肇事罪中所要求的遵守道路交通运输管理法规的注意义务，而是一种间接的注意义务，这种间接注意义务表现在应当保证车辆运行之前的安全状况符合安全标准，汽车能够在系统的指引之下及时地躲避障

碍物，在发生紧急情况时，能够及时采取制动或提醒车上人员接管车辆，在每一辆无人驾驶汽车正式上路运行之前，汽车的生产者应当对汽车的使用方法以及安全性能做出相应的说明，对汽车可能存在的安全隐患负有提示义务，对于汽车的整个道路运行过程，生产者、制造商无法做到全程进行监测，因此生产者、制造商的注意义务产生于汽车投入运行之前，事故的发生原因经鉴定确系无人驾驶系统本身的原因导致时，则汽车的生产者、制造商需要对其生产的不符合安全标准的汽车所导致的严重后果而受到相应的刑罚。

有观点认为不能因为生产商制造了无人驾驶汽车这一产品就理所应当地由其承担相应的刑事责任，这一观点与本书的观点并不存在实质冲突，生产者、制造商适宜作为追责的对象，不意味着在任何时候发生交通事故均由生产商承担相应的责任，这样的处理方式则会阻碍无人驾驶汽车产业的发展，因此，对于现有的技术无法解答或无人驾驶系统在行驶过程中突然出现无端操作致使发生重大事故时，则不能对生厂商以单位犯罪追究犯罪，只能作为意外事件进行处理，要求相关的主体承担相应的民事赔偿，总之，要求无人驾驶汽车的生产者、制造商承担相应的刑事责任必须满足一定的条件，不能违反刑法的谦抑性。

（二）破坏无人驾驶系统运行的黑客可以成为刑事责任主体

由计算机网络系统数据控制下运行的无人驾驶汽车存在与其他人工智能体同样的缺陷，即网络数据和算法容易受到黑客以及其他不法分子的袭击，从而改变最初的运行方式和系统数据，导致系统发生紊乱不能正常运行，在无人驾驶汽汽车行驶过程中，黑客的这种入侵行为不只是一般的违法行为，无人驾驶汽车参与运行的是公共交通领域，尤其是在现行复杂的交通环境之下，一旦无人驾驶系统本身的算法数据被扰乱，则会严重危害公共交通安全，甚至造成人员伤亡，因此侵入无人驾驶系统破坏运行的黑客可以作为刑事责任主体对其追究刑事责任，至于否定者的观点，认为黑客不应当成为刑事责任的主体，对其追责存在困难的看法，本书认为，在科技不断发展进步的今天，查明黑客的攻击路线以及 IP 地址已经成为可能，不存在所谓的难以追究、无迹可寻；同时，否定者认为，对黑客行为追究刑事责任往往缺乏足够的证据证实，本书认为，随着网络警察的出现以及网络侦查技术的提高，搜集黑客袭击和侵入无人驾驶系统的证据也具有相当大的可能性。

在信息网络技术以及人工智能产品不断增多的今天，黑客袭击事件更加普遍，在交通领域，预防和惩治黑客入侵行为具有十分重要的意义，这种行为会严重危及公共道路交通安全，然而在此类案件中，无人驾驶汽车的车上人员很难觉察到车辆受到袭击的情况，从而不能及时地做出应变和解决的方案，导致发生严重的事故，同理，汽车的生产者、制造商在设计和制造车辆以及对车辆的安全性能和系统状况进行检测时也很难发现是否存在容易被黑客入侵的漏洞，这种犯罪行为导致的事故具有临时性与突发性，因此主观恶性较大，具有严重的社会危害性，必须予以惩处。

（三）无人驾驶汽车中的车上人员可以成为刑事责任主体

如前所述，无人驾驶汽车的出现使得传统汽车中"驾驶员"角色产生异化，单纯由驾驶员即某个自然人控制车辆的情形发生转变，人类在驾驶行为中的作用被进一步弱化甚至消除，但是不意味着人类驾驶员从此不再作为刑事责任的主体，虽然在 L3 等级以上的无人驾驶汽车中，车上人员几乎不再参与车辆的主要驾驶工作，注意义务大大减小，但并不导致注意义务完全消失，在 L3 级别以上的无人驾驶汽车运行过程中，车上人员仍然承担着紧急情况下及时接管车辆或采取相应的处理措施的义务，在车辆发出警告时，车上人员不得采取放任的态度，同时，车上人员对道路交通运行状况产生误判，从而强行干预无人驾驶系统的运行导致发生严重的事故时，车上人员对该行为也要承担相应的刑事责任。

　　无人驾驶汽车实际运行过程中，车内情况比较复杂，甚至对于车上人员是否负有一定的注意义务，以及车上人员是否应当成为刑事责任的主体也存在较大的争议，一部分观点认为，既然称之为无人驾驶汽车，就不应当赋予车上人员一定的注意义务，更不应当承担相应的严格责任，包括在紧急情况下没有及时接管车辆并不一定构成对注意义务的违反，这种观点认为，无人驾驶技术背景下，应当将人类从传统的交通肇事罪的犯罪主体中解放出来，人类不应当承担相应的刑事责任。

　　本书认为，无人驾驶汽车虽然实现了高度的智能化，但是，在计算机网络控制之下的人工智能系统并不能完全达到人脑的思维水平。尤其是在我国复杂的交通状况之下，无人驾驶系统很难将所有的模式储存在系统之中，针对不同的道路状况做出不同的对策，对于一些突发状况，处于系统本身的局限，不能做到像人类一样灵活应变，此时，需要人类及时的介入，以消除危险事实的发生。不过，在完全无人驾驶的情况下，车上人员的注意义务将会消失，仅在极特定的条件下才能将车上人员作为刑事责任主体，在完全无人驾驶技术背景下，无人驾驶系统的智能化水平将达到极高的水平。因此，可以处理行驶过程中遇到的绝大部分突发情况，车上人员不负接管甚至控制的义务，但是却负有防止事故发生的义务，只在明显有能力接管以防止事故发生时不接管，导致发生严重的损害结果的，才能以车上人员明显具有作为的能力而不作为时，追究车上人员不作为的刑事责任。

（四）无人驾驶系统不应成为刑事责任的主体

无人驾驶系统这一人工智能体能否成为刑事责任主体，是学界争议比较突出且激烈的问题，无人驾驶系统的思维本质上属于一种在计算机网络数据控制之下执行固定算法的机器人思维，这种人工智能体的思维无限接近人脑，但却无法等同于人脑，对于这一主体，有一些学者认为，应当将其作为刑事责任的主体并对其进行刑法上的规制，其理由在于，无人驾驶系统作为一种人工智能已经具备了深度学习能力，在很多情况下，其智力水平甚至超越人类，具有强大的记忆功能以及思考功能，应当将无人驾驶系统"人格化"，赋予其相应的刑事责任能力，同时，提出智能因果关系理论，对无人驾驶系统实施的相关犯罪行为，由其本身承担相应的刑事责任，否定观点认为，对无人驾驶系统追究刑事责任不具有可行性。

本书认为，无人驾驶系统作为一种人工智能产物，虽然具有较高的智力水平，甚至有时其智力程度远超于人类，但是，这不意味着可以将其等同于自然人，将无人驾驶系统作为刑事责任主体存在理论与实践的困境。首先，在我国现行的《刑法》体制之下，能够作为刑事责任主体并被追究刑事责任的主体仅限于达到刑事责任年龄的自然人以及实施犯罪行为的单位，虽然在国外有将人工智能体人格化的案例，但是在我国目前的刑事法治背景之下，追究无人驾驶系统这一主体的刑事责任则会产生许多悖论甚至违背伦理；其次，将无人驾驶系统作为犯罪主体的另一困境在于，无法判断其主观方面的态度，现行《刑法》体制下，追究某一主体的刑事责任需要具有主观方面的构成要件，即主观上必须对于结果的发生具有故意或过失，否则，只能作为意外事件或不可抗力进行处理，在无人驾驶汽车交通肇事犯罪的情况下，很难认定无人驾驶系统这一人工智能机器产品存在主观认识，这一观点模糊了高度人工智能产品与人脑最本质的差异；再次，在现行的刑法理念之下，探索智能因果关系也不具有理论上的可行性。

二、无人驾驶汽车交通肇事罪名的认定方式分析

（一）以产品犯罪追究生产者等责任具备可行性

若重大事故的发生是由于无人驾驶系统本身的缺陷所引起，需要无人驾驶汽车的生产者、制造商承担相应的刑事责任时，具体应当适用何种罪名对其定罪量刑，存在争议，针对理论上对于该问题的争议，本书做出如下论述：关于是否应当增设人工智能监督过失罪这一罪名，对生产者、制造商生产制造的无人驾驶汽车所导致的重大事故追究监督过失刑事责任，本书认为，无人驾驶汽车自生产到投入运行中间经历了多个环节，设计制造、系统研发、实施路测到上路运行，生产者、制造商仅对其中的某一些环节存在监督的可能，但是，无人驾驶汽车上路运行的整个过程，无人驾驶汽车的生产者、制造商无法

做到实时监测，甚至无人驾驶系统本身也不能对行驶的全程进行记录，在无人驾驶汽车交通肇事造成严重人员伤亡时，由于生产者、制造商不具备预见可能性，认定生产者、制造商具有刑法上的监督过失将违背罪责刑相适应的原则。关于对传统交通肇事罪的主体进行扩张，增加单位主体的观点，本书认为，交通肇事罪着重于驾驶人员驾驶过失行为的规制，而交通肇事行为往往具有当场性，如果将单位划入交通肇事罪的主体构成要件，则在归责上会出现困境，首先，单位本身并未参与整个交通运输过程，无法认定其在行驶过程中违反交通运输管理法规；其次，主观上的过失难以认定，单位不是驾驶过程的实际控制者，在发生交通事故时，无法认定其存在驾驶过失行为；最后，在传统的交通肇事罪中，处罚的对象是实际驾驶人员或其他同乘人员，但是如果将单位作为处罚的对象，无法认定逃逸等情节。

本书认为，在现行的《刑法》规定之下，由于无人驾驶系统肇事导致发生严重的交通事故，应当以生产、销售不符合安全标准的产品罪追究生产者、制造商的刑事责任，无人驾驶汽车本质上属于一种人工智能产品，工信部、国标委联合发布的《国家车联网产业标准体系建设指南（智能网联汽车）》对智能汽车的相关技术和安全标准进行了部分规定，无人驾驶汽车的设计制造以及系统安装等流程必须符合安全标准。

在无人驾驶汽车运行过程中，由于无人驾驶系统的故障导致未能及时提醒车上人员接管车辆或未能识别前方障碍物导致未能及时躲避发生致人重伤死亡的重大事故，经鉴定车辆不符合安全标准且不属于现有技术无法排除的原因时，应当对生产者、制造商以生产、销售不符合安全标准的产品罪追究刑事责任，本罪的主体是单位，主观方面表现为直接故意或间接故意，客体是国家对此类产品的监督管理制度，客观方面表现为生产不符合安全标准的产品导致重大的人身财产损害，虽然本罪发生在交通领域，但本质上仍属于产品犯罪，应当以产品犯罪追究相应的刑事责任。

（二）以危害公共安全犯罪追究黑客刑责存在合理性

在网络信息的交互以及传送的过程中，核心的计算机系统内部往往存储着最重要的数据，但是由于网络系统若干漏洞和缺陷，极容易被黑客等不法分子入侵，也许侵入其他人工智能产品的系统中，导致的后果仅仅是系统瘫痪，但是，在无人驾驶汽车的行驶过程中遭遇黑客袭击，会严重的危及公共生命和财产安全。

因此，针对有的学者提出的应当适用破坏计算机信息系统罪对黑客的攻击行为进行规制的观点，本书认为，破坏计算机信息系统罪属于扰乱网络管理秩序的犯罪，客观方面主要表现为违反规定进行计算机系统的操作（如对功能的增删、修改、干扰，对原数据和应用程序的增删、修改等），或者故意制作、传播计算机病毒等，从而破坏计算机系统的正常运行，本罪所侵害的法益是国家对计算机系统管理的秩序，在普通的计算机操作系统实施上述行为情节严重的可以适用本罪进行规制，但是无人驾驶汽车区别于其他的人工智能产品，对无人驾驶汽车的驾驶系统进行攻击，不仅会侵害到计算机系统的管理秩序，更严重的是，这一攻击行为会危及公共安全，导致巨大的生命和财产损失，刑法分则对行为人的行为进行评价的基本原则就是不得重复评价，不得遗漏评价，如果仅对其行为以破坏计算机信息系统罪追究责任则会遗漏公共安全这一重要法益，导致遗漏评价。

本书认为，除去无人驾驶汽车本身存在的若干风险，外来风险对于无人驾驶汽车以及公共安全的危害也应当受到极大的重视，黑客对无人驾驶系统的攻击情节严重的应当以以危险方法危害公共安全罪定罪处罚，本罪的客体是社会公共安全，而公共安全包括不特定多数人的生命财产安全，客观方面表现为实施了严重危害社会公共安全的危险方法危害公共安全的行为，且主观方面表现为故意，黑客的攻击行为完全符合上述的构成要件，应当构成以危险方法危害公共安全罪，当然，当黑客直接以无人驾驶汽车为工具实施其他具体犯罪的，则应当以相关的具体犯罪追究刑事责任。

（三）特定条件下追究车上人员交通肇事罪的路径

无人驾驶技术背景下，车上人员的驾驶地位进一步弱化，但是仍负有一定的注意义务，在高级无人驾驶中，车上人员需要在紧急情况下接管车辆，在完全无人驾驶中，车上人员必须尽到基本的安全注意义务，因此可以说，仅在特定条件下可以追究车上人员交通肇事罪的刑事责任，虽然无人驾驶汽车的出现对传统的交通肇事罪造成了很大的挑战，但是不代表对无人驾驶汽车的车上人员不具有归责的可能性，在高级无人驾驶以及完全无人驾驶中，车上人员违反相应的义务，符合交通肇事罪的构成要件时仍然可以以交通肇事罪定罪处罚，即主体上驾驶人员属于达到刑事责任年龄的自然人，主观方面仍然属于过失犯罪，所侵害的法益是公共交通安全，客观方面表现为违反了交通运输管理法规，因而发生重大的交通事故。

车上人员在系统提醒接管时未能及时接管车辆或误采取操作，以及完全无人驾驶过程中，违反基本的安全义务，在有能力防止事故发生时疏忽大意或过于自信从而未能及时采取措施避免事故的发生。对于上述过失，车上人员应当承担相应的刑事责任，在车上人员与无人驾驶系统存在过错分担时，车上人员也需要对自身过错承担一定的刑事责任，此时仍然可以适用传统的交通肇事罪定罪处罚，但是在量刑以及情节上需要进行严格的区分，对于车上人员完全不能预见或不能避免的事故以及事故原因不能查明是否由车上人员的过失导致时，则不能对其定罪处罚，在无人驾驶技术背景下，对车上人员追究交通肇事的刑事责任必须符合特定的条件。

第五章 国外无人驾驶汽车交通事故侵权责任的相关立法及启示

　　无人驾驶汽车作为人工智能技术与传统机动车相结合的产物，已经逐步进入公众视野并改变着人类的生活方式。而法律具有相对滞后性，无法及时反映现实社会的需求，相关法律的制定急需提上议程。如何平衡高速发展的技术和相对滞后的法律之间的关系将成为立法过程中的难点，我们应当遵循事物发展的规律，一方面客观看待无人驾驶汽车，另一方面从立法层面上对其予以规制和保护。无人驾驶汽车事故的责任认定问题将成为立法的核心，由于无人驾驶技术尚不成熟，目前只有德国明确规定了无人驾驶汽车交通事故的侵权责任，其余国家仍处于理论阶段，讨论由哪一方作为责任承担主体更为合理，对我国规范无人驾驶汽车极具参考价值。

第一节 国外无人驾驶汽车交通事故侵权责任的
相关立法

一、美国立法

美国在无人驾驶的政策、立法上一直持开放态度，2011年美国内华达州通过的"511法案"中首先明确无人驾驶汽车可以上路行驶，但需要建立驾驶执照许可制度，并在许可证上明确许可内容；其次生产者要给无人驾驶汽车道路测试投保，严格限制无人驾驶汽车路测，建立最基本的安全标准。该法案重点为无人驾驶汽车上路实测的合法性提供依据，且在其他州也产生了广泛影响。

2016年9月，美国最先制定了无人驾驶汽车政策《联邦自动驾驶汽车政策》（下文简称《政策》）。《政策》共由四部分组成，为生产者和其他主体提供安全设计、开发、测试及研发工作提供明确指引，其中涉及数据记录与共享，无人驾驶汽车使用者的隐私权，用系统工程的方法建立系统安全，车联网安全多种标准以防黑客入侵。该《政策》的颁布使得美国无人驾驶汽车的行业标准初步形成，也为世界其他各国制定相应的政策发挥了重要的借鉴作用。

2017年9月，美国众议院表决通过《自动驾驶法案》（Self Drive Act），对统一监管、隐私保护、安全标准、建立自动驾驶汽车顾问委员会等方面的内容做了介绍，但是尚未涉及侵权责任。该法案作为联邦层面首部自动驾驶汽车法案，在美国法律史上起里程碑意义。目前，美国在立法上认为无人驾驶技术的生产者掌控着核心技术，应当承担无人驾驶汽车交通事故侵权责任。美国作为联邦制国家，各州司法独立，可能以不同的方式处理无人驾驶汽车交通事故侵权责任问题。关于该问题，目前只有少数州以修改法律或颁布新法案的方式予以明确规定，如密歇根州作为汽车生产基地，将尽可能地限制或减少生产者的责任，规定汽车生产者只承担汽车生产过程中的缺陷导致的损害，在一定程度上保护无人驾驶汽车行业的长期发展。内华达州则规定无人驾驶汽车特有的保险制度，由汽车生产者在测试前交纳五百万美金或提供担保，确保受害人能够及时得到救济，同时为无人驾驶汽车设有专门牌照，牌照的字体颜色以及编排方式都区别于传统机动车，便于确定事故责任归属，更好地规范无人驾驶汽车行业的发展。

美国自动驾驶法案以规定联邦和各州关于自动驾驶汽车监管的不同权限的方式，减少了各州不同的法律规定对自动驾驶技术的研发造成的不确定性，有利于促进自动驾驶汽车的研发，在一定程度上推进了无人驾驶汽车在美国的发展进程。而美国的相关法律规定虽然涵盖了自动驾驶汽车的所有模式，但其规定具有笼统性，无法有效处理具体的交通事故责任认定问题。同时，美国关于自动驾驶汽车的相关规定鲜少涉及民事责任领域，主要包括行政监管内容，无法为认定侵权责任提供参考。

二、德国立法

2017 年 5 月 12 日德国议会批准了《道路交通法》修正案，这是德国第一部关于自动驾驶汽车的道路交通法规，有效推进了自动驾驶汽车在德国的快速发展。该修正案的主要内容如下：一是明确驾驶员在汽车运行过程中的权利义务。相对于定义驾驶系统的自动化程度，该修正案侧重驾驶员在汽车运行期间的责任，即警觉义务和接管义务。警觉义务指即便自动驾驶系统控制汽车运行时，驾驶员也必须保持高度的警觉性。接管义务指在自动驾驶系统发出警示信号，请求驾驶员接管汽车，或者驾驶员基于一般的注意义务，意识、应当意识到自动驾驶系统的编程规则不能再满足汽车的时候，驾驶员有义务重新接管汽车。二是允许自动驾驶汽车上路行驶，并未改变归责原则。在责任承担方面，汽车所有者适用无过错责任原则，担责后再依据驾驶员是否合法使用车辆讨论其能否免责。汽车生产者只承担汽车缺陷导致的责任。三是要求自动驾驶汽车安装"黑匣子"，便于记录汽车的运行数据且依据道路交通监管部门的要求上传。关于数据存储时间，该修正案也做了规定，要求相关数据至少保存半年，若发生交通事故则与侵权行为的诉讼时效一致，数据有效期为三年，用以查明事故发生时的具体情形，这有助于确定事故原因，从而确定能否适用德国产品责任相关法律。

总而言之，关于自动驾驶汽车的相关问题，德国在原有法律框架内寻求解决办法，同时也积极接纳和探索新方式。德国相关立法是在原有的侵权责任体系内对自动驾驶汽车进行法律上的调整。该修正案表明，自动驾驶汽车究其根本而言仍属于机动车的范畴，且其模式多样导致在目前的情况下仍存在使用者操作的可能性，因此可以参照以驾驶员的过错为适用基础的传统交通事故侵权责任。

本书认为，该修正案仍不完善。首先，在自动驾驶汽车的最高级模式即完全无人驾驶模式下，无人驾驶系统代替了传统意义上的驾驶员，成为汽车运行的支配者，汽车使用者转变为乘客的角色，无法干预汽车运行和决策，而且本次修正案加重了汽车所有人的责任。因此，围绕驾驶员进行规制的传统交通事故侵权责任能否继续适用值得商榷。其次，该修正案科以驾驶员警觉义务和接管义务，而关于二者的具体内容、接管的合理时间、未尽到义务的法律后果具体都没有明确界定。

三、英国立法

2017 年 2 月，英国的《汽车技术和航空法案》（"VTA 法案"）规定了自动驾驶汽车的新保险制度，该法案对保险人和被保险人之间的保险流程进行了简化，解决了自动驾驶汽车涉及的保险问题。该法案表明，当自动驾驶汽车发生交通事故时，由保险人承担主要损失，还要求自动驾驶汽车的所有者也进行投保。该法案的主要内容如下：一是保险人和汽车所有者的首要责任，发生交通事故时，受害者可向保险人直接求偿，而保险人享有依法向责任方追偿的权利，追偿的数额以保险人向受害者给付的保险赔偿金数额为限度。二是共同过失。共同过失包括两种情形，如果受害者在一定程度上导致了事故的发生，可以相应减轻或者免除保险人和车辆所有人的赔偿责任；如果汽车使用者的过失是事故原因，保险人或车辆所有者无需承担责任。三是保险人责任的豁免。法案表明，因被保险人未经授权擅自变更软件或未能及时更新软件导致事故的发生，可以免除或减少保险人的责任。保险人已经进行赔偿的，有权向被保险人行使追偿权。

英国法案主要规定了自动驾驶汽车的保险责任制度，该制度有利于给予受害者救济，能够及时保护受害者的合法权益，进而稳定社会平稳发展。但是保险责任与侵权责任存在本质差别，因而自动驾驶汽车交通事故发生侵权时，无法沿用该责任规则。英国法案规定了第三者责任险，即对于自动驾驶系统引发的交通事故，受害者可以直接向保险人行使求偿权，而该责任险的适用基础为被保险人对受害者负有侵权损害赔偿责任，即侵权责任的认定是承担保险责任的前提条件，反之不成立。因此，英国也没有给出明确的责任认定方案。

四、日本立法

2017年4月，日本召开关于自动驾驶损害赔偿责任的研讨会，围绕五个方面问题：一是机动车行驶过程中的注意义务；二是数据错误是否构成缺陷；三是"运行供用人"责任在立法上的考虑；四是系统缺陷进而导致事故的保护对象；五是系统故障引起的事故责任。其中，第一点和第三点最为重要。首先，"运行供用人"责任立法考量要涉及三方主体的责任分配问题"运行供用人"、生产者、保险人。第一种修改建议是维持当前"运行供用人"的责任，由保险公司向生产者求偿；第二种修改建议是维持目前"运行供用人"责任，由机动车生产者承担部分强制保险金；第三种修改建议是维持现行责任体系，不真正连带责任由机动车"运行供用人"与生产者共同承担，并由生产者成立赔偿基金。其次，在自动驾驶过程中，运行供用者在车辆行驶中不需要尽到注意义务，但是对于机动车负有检查义务。

第二节 国外无人驾驶汽车交通事故侵权责任相关立法的启示

如上所述，随着人工智能技术的影响加深，国际社会普遍开展对无人驾驶汽车的深入研究。本书以美国、德国、英国、日本为典型，聚焦无人驾驶汽车侵权面临的理论问题，分析这些国家在归责原则、责任分配、保险制度等多维度层面，对无人驾驶汽车交通事故侵权责任的法律规制，并试图归纳总结对我国相关体系构建的启示意义。

一、明确责任分配

无人驾驶汽车发生交通事故时，将涉及多方主体，汽车所有者、汽车使用者、汽车生产者以及其他第三方都有可能成为事故责任主体。因此，明确事故责任发生的原因有利于确定责任主体及其之间的责任分配，进而及时充分地救济受害者。鉴于难以查明无人驾驶汽车交通事故侵权的因果关系，德国立法参照航空领域的"黑匣子"制度，要求生产者在汽车内安装黑匣子，记录汽车的运行数据且依据道路交通监管部门的要求进行上传，以便还原事故发生的具体情形，准确定位事故原因。同时，在记录无人驾驶汽车运行数据的同时也要注意保护用户的个人数据，尊重用户的隐私权，减少使用者对无人驾驶系统各方面性能的担忧，能够充分享受该技术带来的便利。现阶段我国缺乏相关的法律规定予以处理无人驾驶汽车事故责任分配这一问题，因此可以借鉴黑匣子制度，并结合我国国情予以相应完善，平衡各方主体之间的权益。

二、建立专门保险制度

科技的迅速发展在很大程度上降低了事故发生率，但是无法使其完全消失。事故发生后，受害者如何索赔、弥补损失，这一需求说明无人驾驶汽车的保险制度仍有存在必要。但是在无人驾驶系统背后隐藏的不可预测性风险将对既有的保险制度造成极大的冲击，导致无人驾驶汽车—新兴行业无法适用现行保险制度。同时，域外关于无人驾驶汽车的保险制度对我国构建相关法律体系具有极大的参考价值。英国的保险制度在很大程度上体现了"以人为本"的价值取向，不论何种情形，受害人都能够从保险人处获得救济。此外，保险人在履行赔偿义务后，有权向汽车或系统生产者等责任方追偿，这一制度平衡了救济优先原则和责任自负原则。结合目前的研究现状，我国理应建立适合国情的保险制度。这一保险制度在很大程度上有助于及时填补受害者的损失，同时能够分散个人成本，减少生产者与所有者的经济负担，还能够促进无人驾驶汽车行业及时进入市场，鼓励技术创新，可以在生产者、所有者与受害者利益之间寻求最佳平衡点。

第六章 我国无人驾驶汽车风险规制的
法律路径

　　无人驾驶技术引发了汽车行业的巨大变革，同时也在很大程度上冲击了现有法律体系。无人驾驶汽车目前已经进入上路测试阶段，而我国的相关研究除了路测法规几乎处于空白状态，国内法还未有正式的法律规定。一个制度化、体系化的法治环境对于无人驾驶技术的发展具有强大的推动效果。因此，为了扫清无人驾驶技术发展的法律障碍，我国应结合无人驾驶汽车交通事故侵权责任在中国的研究现状以及域外相关立法经验，从立法和配套制度两个层面加快构建我国无人驾驶汽车交通事故侵权责任的法律框架，明晰事故主体应当承担的责任，平衡汽车所有者、生产者及受害者之间的利益，促进我国无人驾驶技术和行业的蓬勃发展。

第一节 实现以立法为主的纵向规制与监管

一、完善我国民法典侵权责任的建议

目前，无人驾驶技术呈迅速发展的趋势，无人驾驶汽车在各国陆续上路测试，但是法律具有滞后性，我国的《侵权责任法》《道路交通安全法》等法律没有关于无人驾驶汽车的相关规定，无人驾驶汽车交通事故侵权责任的承担将成为立法层面迫切需要解决的问题。本书建议调整我国民法典侵权责任编，将无人驾驶汽车的交通事故侵权责任纳入产品责任的规制范畴，包括如下内容：一是重新对产品进行定义，明确无人驾驶汽车的法律属性，其能否成为"产品"而存在；二是对无人驾驶汽车的产品缺陷作详细描述，无人驾驶行业的国家标准和不合理危险又该如何理解；三是无人驾驶汽车产品责任的归责原则及免责事由，该产品责任是否为无过错责任以及现有的免责事由能否适用于无人驾驶汽车产品责任等。

总之，就无人驾驶汽车交通事故侵权责任来说，目前发生的无人驾驶汽车交通事故数量不多且仍处于测试阶段，不具有鲜明的代表性，不宜单独立法，只对民法典的侵权部分做出相应的调整即可，但本书认为当无人驾驶汽车的技术研发和保障更为完善和标准化时，时机相对趋于成熟，这时可以制定一部新的法律，用以规范无人驾驶汽车的有序发展。

二、设立以专门机构为主体的监管机关

无人驾驶技术和由此产生的无人驾驶行业处于迅速发展的趋势，这就对合理有效的监管提出了要求。相较于传统机动车，无人驾驶汽

车涉及广泛的专业领域，还处于交通管理部门、公安部门、和其他部门等多部委交叉监管的模式下，导致无人驾驶汽车的普遍推广受到阻碍，同时也增加交通事故责任的认定难度，因而建立一个合理的监管体系是无人驾驶汽车规范发展的前提，我国无人驾驶汽车的监管应坚持以专门机构为主体。

由专门机构进行监管是目前无人驾驶汽车平稳发展的关键。一方面政府部门要在行业准入时严格把关，另一方面需要认真完成事后的监管工作。当前我国无人驾驶汽车行业缺乏统一的的国家标准或行业标准，导致难以判断车辆是否存在产品缺陷，进而无法正确认定责任主体。本书认为，判断产品是否存在缺陷的前提是规范的国家标准或行业标准，我国应及时建立无人驾驶汽车的相关技术标准体系。无人驾驶汽车的技术标准应当包括性能要求、信息保护、试验方法等内容。但是法律具有滞后性，新出台的技术标准可能无法适用所有情形，为了维护社会公众利益，应当定期更新该标准。事后监督的具体内容为相关车辆的年检、瑕疵车辆的召回、安全性评估测试等。专门机构必须严格把关和监管每一个步骤，认真执行事前准入和事后监管工作，为后续无人驾驶汽车的立法工作以及无人驾驶汽车行业的有序发展提供专门性的管理。

三、健全完善配套制度

（一）建立无人驾驶汽车强制保险制度

一旦无人驾驶汽车发生交通事故，汽车生产者将承担更高的赔偿责任，但是由生产者承受全部侵权责任并不合理，过高的风险会抑制生产者的研发积极性，从而影响整个无人驾驶行业的进步，同时汽车生产者也可能借助提高销售价格的方式转嫁风险，赔偿义务最终仍由消费者承担。在此基础上，保险制度存在适用余地，能够平衡各方主体之间利益。在传统机动车交通事故中，交强险起重要作用，其模式是分散风险，最终由个体造成的事故责任分散给全体驾驶员共同承担，每位驾驶员也能够享受交强险的保障，实现权利与义务的均衡。无人驾驶系统背后隐藏的不可预测性风险将对既有的保险制度造成极大的冲击，导致无人驾驶汽车一新兴行业无法适用现行保险制度。

本书建议推行无人驾驶汽车的"双轨制"强制保险制度，从而提升受害人的权利保障和求偿效率。具体可采用受害人分项限额制度，确保事故中的每一个受害者都能够平等得到救济。同时扩大强制保险的投保主体，包括生产者、销售者及汽车所有者。该保险制度是指无人汽车的生产者与汽车所有者分别为汽车进行投保。汽车所有者的强制保险金额与普通机动车的投保金额基本持平，而生产者必须另外为无人驾驶汽车购买一份强制保险。双轨制保险制度在很大程度上有助于及时填补受害者遭受的损失，降低社会公众对无人驾驶汽车上路的担忧；同时也能够分散个人成本，减少生产者与所有者的经济负担。此外，还能够保障各方主体积极主动地参与到无人驾驶汽车行业的研发设计中，进而鼓励技术创新。由此可见，"双轨制"强制保险制度的设立能够在生产者、所有者与受害者利益之间寻求最佳平衡点。

（二）要求配备无人驾驶汽车安全记录仪

无人驾驶汽车是在人工智能等高科技技术的基础上发展而来。为了在无人驾驶汽车交通事故发生后快速准确地完成追责。可以依靠在无人驾驶汽车内部安装无人驾驶汽车安全记录仪。记录仪需要完成行驶过程记录和录像记载完整的行驶数据。要保证存贮的行驶数据的安全性，所以必须明确规定保存数据的主体、保存方式和保存期限。可以由专门监管机构成立无人驾驶汽车信息指挥中心，在事故发生之后通过信息处理的方式对案件实现快速公正的处理。通过立法规定每辆无人驾驶汽车的硬件上必须配备类似"黑匣子"的行车记录仪，在相关责任事故发生后我们即可快速找到从车记录仪然后通过调取里面的视频、数据方便交警部门迅速准确找到事故发生的原因，从而缩短理赔过程。安装行车记录仪对交通事故的责任判定具有重要价值和意义，为此希望立法时将该制度纳入规制无人驾驶汽车行业的相关法律法规中。

（三）加强乘客隐私权保护

无人驾驶汽车通过搭载传感器和全球定位系统等人工智能技术，收集并汇总分析汽车运行的内外部数据，进而掌握了乘客的往返地、个人喜好、工作生活娱乐场所以及出行伴侣等个人信息。如果汽车生产者出于盈利目的收集乘客数据信息并加以利用，或者系统遭到黑客入侵，都会在很大程度上侵犯乘客的个人隐私。因此，乘客的个人隐私保护将是无人驾驶汽车发展过程中必须解决的问题。

首先，应当加强对汽车生产者的监管。汽车生产者作为无人驾驶系统的控制者，对用户信息具有保护义务，不得泄露、丢失、毁损该信息。汽车生产者也应当对用户信息采取严格的保密措施，不得泄露用户个人信息，若因为某种特定需求需要收集或分享用户数据时，应当与用户签订隐私保护协议，在用户允许的范围内使用其信息。同时加构建数据匿名化处理的相关法律体系，一是建立健全隐私风险评估机制，倡导无人驾驶汽车生产者在内部建立数据匿名化的风险评估系统；二是强化匿名化技术的体系性，注重事前、事中和事后规范三者协调发展。

其次，在立法层面加强数据保护。隐私权的保护应当结合理论研究以及专门法律予以规制。因此，在立法层面上，可以考虑制定一部关于隐私权保护的专门规范性文件，更好地保护我国无人驾驶汽车消费者的个人隐私权，使消费者减少对无人驾驶技术的担忧，充分享受该技术带来的便利。同时，消费者也需要提升个人数据的保护意识，防患侵害其隐私的行为。

（四）引入"黑匣子"技术

随着人工智能技术的普遍应用，无人驾驶汽车逐渐出现在人们的视野中，当其发生交通事故时，事故原因以及责任承担主体的认定将成为未来需要解决的问题。目前，北京市在出台的《指导意见》和《测试细则》中强制要求测试的自动驾驶汽车安装数据记录仪器，用以记录事故发生前的相关数据。本书认为可以在无人驾驶汽车内部安装"黑匣子"装置，该技术可以作为"电子证人"，帮助证明无人驾驶汽车的产品缺陷以及该缺陷与交通事故的发生是否存在因果关系。无人驾驶汽车以人工智能技术为研发基础，由无人驾驶系统支配汽车运行过程，无需人类进行物理操作或干预，其高度自主性导致在车辆密集的公共道路上行驶时可能危害不特定人身安全，因此无人驾驶汽车必须安装"黑匣子"。一是能够达到对无人驾驶汽车运行全过程的实时监控和记录的目的，在此基础上统计交通事故频发的地点，从而有效预防事故发生。二是黑匣子技术的普及使用能够准确还原事故发生的具体情况，减少对专家证言的依赖，同时大大降低当事人的举证难度，并有效减轻当事人的金钱与时间消耗，从而降低诉讼成本和提高诉讼效率。三是可以及时救济受害者。事故发生后，相关人员可以调取黑匣子记录的视频和数据，方便有关部门准确定位事故原因，从而缩短理赔过程，在最短的时间内保护受害人的合法权益。

本书建议，应当在无人驾驶汽车的相关法律中规定强制引入黑匣子技术，以该技术为依据，明确事故责任分配。为了保证黑匣子中储存数据的安全性，必须在立法层面明确数据储存主体、储存方式以及储存期限。同时由专门监管机构成立无人驾驶汽车信息指挥中心，当事人可以在交通事故发生后请求指挥中心出具事故分析报告，快速公正的处理案件。

第二节 明确无人驾驶汽车法律地位，合理确定
责任主体

为无人驾驶汽车侵权在现有法律规则中寻找适用空间，首先需要明确无人驾驶汽车的地位。目前在理论界对此问题尚未达成共识，这也势必给接下来以无人驾驶汽车侵权责任的承担造成困扰。无人驾驶汽车等人工智能产品具有深度自主学习能力，这是人工智能同其他科技产品最大的不同，按照目前人工智能的发展趋势，强人工智能时代的到来只是时间问题。有学者认为，人工智能产品虽然没有人类的肉体，但是已经具备自主做出行为的能力，对自己的行为具有辨识能力，因此可以赋予人工智能产品法律人格。有学者则认为，既然"法人"都可以具有独立主体地位，人工智能产品同样可以按照"法人"的设定理念取得法律人格。

还有学者认为，人工智能产品具有独立的自主意识，应当赋予人工智能体有限的法律人格。人工智能产品具有一定的自主学习能力，其运用算法自动生成行为，但在学术界许多学者认为，由于机器没有自身的目的，其所做行为都是由人类设计的，这一点同人类的目的性质完全不同，而且机器自身没有知识积累，需要人为进行输入，机器的学习能力仅仅局限于特定领域，难以具备直觉能力、想象能力及审美和灵感，这些都是无法同人类相提并论的。本书认为现阶段的人工智能水平，仍不具有自主意识和自由意志，因此不能作为独立的主体承担责任。法律规制人的行为但前提是人类对于自己的行为具有辨别能力，且仅具备完全辨别能力的主体才能对自己的行为承担法律责

任，无人驾驶汽车虽然可以自主进行行为，但并不能辨别并认识到自己行为可能带来的后果。机器终究就是机器，其并不具备同人类一样的辨识能力，由于不能认识到自己行为的后果，也不会畏惧法律将对其进行的惩罚，即使赋予无人驾驶汽车独立主体地位，在造成侵权时对其惩罚，并不会产生设立法律时要达到的效果。相反还会使无人驾驶汽车背后真正的责任主体逃避法律制裁。

一、无人驾驶汽车法律人格之否定

人工智能法律人格肯定说、人工智能法律人格否定说、人工智能法律人格折中说这三种学说，都是学者们本着为了有效解决人工智能侵权责任认定问题而提出的，三个学说都各有优点与缺陷。为此有学者提出"人工智能法律人格有限说"，人工智能虽然具有法律人格，但这种人格是有限的，并非完全的法律人格。结合上述学说理论的意见和看法，本书认为无人驾驶汽车是不具备民事主体资格的。民法中的法律人格概念，主要是以法律关系主体来积极维护和行使法律权利，遵守法律义务和责任为条件的。人工智能法律人格折中说明显与现行民法的人与物二分法理论相悖。折中说相关理论试图打破现行民法的基本理念和基本规则，要在人与物的二分法中走出第三条路线。现行民法认为，市民社会的基本物质构成只有两种形式：一是人，二是物；人是主体，物是客体。正是基于这样的基本理念，民事法律关系中主体、客体和内容三要素，是对人与物二分法及其相互之间关系的经典概括。按照现行民法的基本理念和基本规则，市民社会的物质构成仍然是人和物的组合。折中说的观点将人工智能机器人视为人和物之间的特殊存在的确有违现行民法关于人与物二分法的基本理念和基本规则。因此，人工智能机器人民法地位折中说是不能成立的。

本书对人工智能法律人格肯定说所持态度也是否定的。杨立新教授和张莉教授曾提出确定法律人格的三项标准：一是基于生理学的考察，指出具备法律人格的人应当具有健全的人体和人脑；二是基于心理学方面的考察，讲到法律人格的主体应当具有独立的意志即意志自由；三是基于社会学意义的考察，指出具备法律人格的主体应当具有独立的社会角色。我们可以据此来否定人工智能法律人格肯定说，就是因为：第一，人工智能机器人的基本构成与人存在较大差异，其并非是细胞组成的人体，不存在生物意义上的人的大脑。即便是其不断学习和完善也会拥有与人类相媲美的"大脑"，但其大脑仍然是人工智能系统的电路和元件是基于算法运行的，由此分析其当然不具有法律人格的生物学要素。第二，人工智能机器人的意志是在人类赋予其意志的情况下产生的。虽然其会学习和提升自身性能，以此反映出超人类的智慧，但是其缺乏独立的意志，往往只是与人类的独立意志的心理学要素相类似或者近似而已。第三，高端的类人机器人是在未来可称为独立的社会角色，未来可能有更多超越索菲娅的机器人成为社会角色中的一员，它们都将能具有独立的社会角色。综上，对人工智能机器人赋予法律人格地位条件和时机尚不成熟，毕竟其从一开始就缺少生理学意义上的人脑这一要素，由此可以得出肯定说是错误的。

通过分析我们否定了人工智能法律人格折中说和肯定说，那么我们可以由此得出人工智能机器人的民法地位就是物，就是现实意义上的产品。按照杨立新教授的观点我们认为作为民法上"物"的人工智能机器人，其"人格"被定义为"人工类人格"是仅有人工智能机器人所享有的，类似于或者接近于自然人人格的民事法律地位。该"人工类人格"的特点有二：一是，人工智能机器人的"人格"不是天然形成的，而是基于人工制造产生或赋予的。二是，人工智能机器人的人工类人格必须现实的具备一些自然人人格要素，一般表现为具备与人类相似甚至超越人类的智慧，与人类相似的形态等，有时甚至可以模仿或自主进行某些人类特有的活动。由此我们可以认识到无人驾驶汽车并不具备拥有独立的民事主体地位的条件，不能成为独立的民事主体。

二、实现具体责任主体的合理确认

无人驾驶汽车虽然是在无人少人条件下运行的，但是在侵权事故发生后责任主体仍然存在。主要有研发者、生产者、销售者、所有人及操作者等主体参与运行过程。因此发生侵权后主体繁杂需要做出合理认定分别确定责任。无人驾驶汽车的所有人往往有严格的注意义务。如未尽合理注意义务，对其应适用过错责任的归责原则。承担此责任的原因可能是因为其未及时检修车辆、升级系统等有违行驶规范的合理安全行为。需要承担较高的注意义务是所有人的责任来源。传统机动车事故承担责任的承担模式大多为"谁使用谁负责"。无人驾驶汽车除所有人以外的使用者，未在警示时及时接替，故意干扰自动驾驶系统运行、违规操作等情况下对此类使用者应适用过错责任的归责原则。作为人工智高科技产品无人驾驶汽车满足所有产品的属性，无人驾驶汽车的缺陷包括系统缺陷和硬件缺陷。

当出现无人驾驶汽车交通事故时，要对是否存在缺陷进行合理考量，再根据产品责任的相关规定，对生产者适用产品责任。无人驾驶汽车运行过程中存在的主体较多，当无人驾驶汽车等智能机器人发生交通甚至造成损害结果发生时存在事故本身难以解释或者不能合理追溯到设计缺陷或者制造缺陷诸多情况，损害结果亦可能是因为无人驾驶汽车的车载人工智能系统难以预判到准确的操作所致。总是一味地从产品的严格责任的角度出发，使设计者或者生产者担责未免过于严苛。无人驾驶汽车投入运行其各个阶段参与的主体各有不同。在车辆致使损害发生后准确寻找责任主体，进行权利义务分配，才能最大限度地保障受害人的权益。

（一）设计者责任

无人驾驶汽车是在传统机动车基础上植入无人驾驶系统，即"物理外形＋系统"的结合体，二者互相结合共同发挥作用。随着人工智能行业的发展，内部分工日益精细化，再结合人工智能软硬件结合的特点，将设计者独立出来，与生产者和销售者并列承担产品责任。设计者作为无人驾驶汽车落地的第一关，设计者秉承的设计理念、设计思路最终都将对无人驾驶汽车带来重要影响。设计者应当在传统伦理道德的约束下进行系统设计，构建动态评估、评价体系从而明确研发者责任，由设计者独立承担责任能够促使设计者进行软件系统设计时考虑责任预期并严守相关法律规范。阿西莫夫提出的机器人三大定律可以为设计者提供重要的指引。伦理规则在无人驾驶系统研发中起到重要作用，在面临无人驾驶汽车的"电车难题"时，到底该如何选择，都会影响最终的责任承担问题。系统设计者的软件设计通常存在个人伦理倾向，在遇到类似的"电车难题"时，汽车实际代表的是使用者的意志。一旦系统做出违背伦理道德的决策，需要及时追究相关人员的责任。无人驾驶汽车同传统汽车不同，系统的可复制性强，一旦系统出现缺陷造成的后果不可估量。有学者主张为了使主体明确自身权利与义务，研发者应适用无过错责任，通过算法等技术顶层设计消除消极后果。虽然无人驾驶汽车在通过大量的学习中生成下一步行为，设计者无法准确预测汽车的每一步操作但是并不意味着设计者对汽车的内部决策原理毫不知情，所以由无人驾驶汽车系统设计者承担无过错责任一方面有利于督促系统设计者不断完善驾驶系统，另一方面设计者单独承担相应责任，也更有利于产品责任的分配。

（二）生产者责任

传统机动车交通事故通常归责于司机或车主，由于汽车存在缺陷导致事故发生或汽车缺陷加重伤害，才会归责于生产者，这样归责的原因是担忧生产者通过提高汽车价格，进而影响汽车进入市场。无人驾驶汽车的生产者应就产品缺陷导致的事故承担无过错责任，一些无人驾驶汽车企业通过对购买的汽车进行改造实现无人驾驶的功能。此种情形需要对生产者进行具体判断，根据欧共体《产品责任指令》第三条，原材料、零部件及半成品生产者均属于生产者的范畴，但是在我国仅限于"投入流通"产品的直接生产者，根据《产品侵权起诉商标所有人的批复》（法释〔2002〕22号）"贴牌生产"的标识主体是生产者。美国相关立法规定，汽车经改造实现无人驾驶，应由改造者对汽车负责，除非有证据表明在改造前缺陷已经存在。生产者范围需要准确界定，对事故发生后受害人主张赔偿十分必要。比较法上，生产者就缺陷产品给他人造成损害的承担无过错责任，我国产品缺陷致人损害同样适用无过错责任首先，生产者处于主动地位具有绝对的信息优势和技术优势，能够及时认识到产品的缺陷并设法避免。绝大多数消费者缺乏无人驾驶的专业知识，对产品的生产过程也缺乏了解，不具备发现产品缺陷并以自己的行为阻止危险发生的能力。由生产者承担无过错责任能够激励其积极主动发现技术漏洞并积极采取补救措施。其次，生产者通过生产并销售商品获利，基于风险与收益一致的原则，因产品缺陷造成消费者损失应由生产者承担。更重要的是一些生产者为增强消费者对产品的信心，对外界宣称会对汽车造成的损失承担全部责任，如沃尔沃总裁承诺"对其自动驾驶模式下汽车造成的损失承担全部责任"；谷歌和戴姆勒也都提出，如果他们的技术有缺陷，他们将承担责任。因此，生产者就产品缺陷致人损害承担无过错责任有充分的合理性。

（三）销售者责任

销售者在特定情形依据《侵权责任法》《产品质量法》相关规定向被侵权人承担责任。无人驾驶汽车交通事故侵权适用产品责任规则，销售者承担无过错责任。由销售者承担无过错责任能够保障受害者在生产者无力承担其损失的情况由生产者进行赔偿；其次，由销售者承担无过错责任也能够激励他们同商业声望、财务状况良好的生产者合作，进而有利于保护产品的使用者。因产品缺陷致人损害承担无过错责任有合理性。

（四）使用者责任

无人驾驶汽车的出现，导致传统机动车中的"驾驶人"角色消失，无人驾驶汽车责任主体也会发生变化。有学者认为，虽然人类驾驶员逐渐向驾驶系统移交驾驶权限，使用者仍有决定目的地等权利，这些也会影响机动车事故发生的概率。虽然使用者选择目的地，行驶过程中存在发生交通事故的可能性，但是此种事件发生的概率极具偶然性，不具有可归责性。退一步讲，假设机动车使用者明知车辆在驾驶过程中必然会发生事故，并且仍坚持进行这样的选择，机动车使用者可能不仅仅需要承担侵权责任。传统机动车中的"机动车一方"判断标准采用"运行控制""运行利益"二元说，使用者享有"运行利益"这一点无可厚非，但是无人驾驶汽车的使用者在汽车行驶过程中，无法决定汽车的运行轨迹、无法控制汽车驾驶活动，因此，无人驾驶汽车使用者对汽车不存在"运行支配"。无人驾驶汽车使用者无法实际控制汽车，使用者在此过程中仅作为乘客的角色，对车辆没有任何控制力的乘客视为过错方，是没有说服力的。无人驾驶汽车的所有者通常也是无人驾驶汽车的使用者，一方面要承担购买车辆的费用，购买车辆保险的费用及日常保养、维修等一系列费用，另一方面又要因其无力掌控的事情承担侵权责任，对无人驾驶汽车的使用者而言欠缺合理性基础。这样会遏制无人驾驶汽车消费者的热情，也会遏制无人驾驶汽车的市场化进行。并不是说无人驾驶汽车使用者仅享有"运行利益"对于车辆任何问题均不承担责任，无人驾驶汽车在交付给消费者后，汽车在使用过程中需要履行恰当的注意义务，而这些需要由机动车的使用者来负责。在排除使用者未履行注意义务的情况下，则生产者与销售者无需承担责任。

第三节 实行多级分类管理、适用差别化的归责原则

一、建立多级分类的规范管理体制

分类管理按照 level0—level5 的自动层级不同建立的管理标准，我国制定分类管理制度，也应当参照国际汽车工程师协会(SAE)建立的层级标准来实现多类分级管理。严格区分自动功能性质汽车和传统机动车。一般而言自动化层级越高对其技术要求也越高。因此在无人驾驶汽车管理中，必须有效区分各类自动化等级的汽车，然后在实现整体领域的综合治理。牌照可以以不同颜色来与其他性能的车辆进行区分，对自动化级别也可以做特殊化的标记。对不同层级的车辆设立独特的标志和车牌有利于监管部门进行监管，有了合理的分类就可以此为基础合理适用相应的规制原则了。在无人驾驶汽车登记使用时对汽车车牌进行标志化处理，尤其是针对高度自动化和完全自动化汽车应当设有专门的牌照。对其按要求进行严格的行程报告制度、定期年检制度和车辆报废制度，实现监管中心有原来的驾驶人员向无人驾驶汽车的转移，达到风险最小化和数据可追溯的目的。

二、适用差别化的归责原则

我们要尽早探讨无人驾驶汽车之间、无人驾驶汽车与非机动车之间、无人驾驶汽车与传统机动车之间发生事故时的归责原则，以便更好地认定交通事故发生后的责任。针对不同的事故形态来选用相应的归责原则实现差别化的归责原则的适用。自动驾驶系统的无人驾驶汽车发生交通事故后的责任有双重属性，其第一层级为道路交通事故责

任，第二层级责任则是产品责任。我国道交法第 76 条关于机动车交通事故规定的过错责任原则、无过错责任原则与公平原则相关责任认定原则必然也对具备机动车属性的无人驾驶汽车适用，是必须加以引用的归责原则。

对于传统机动车而言，通常情况下在发上交通事故时按照现有的归责原则和法律规定我们将机动车的驾驶人和所有人列为当然的责任主体，该责任的分配依据是《道路交通安全法》第 76 条规定。该法第 76 条之规定被称为处理道路交通事故责任的一般规则。在传统机动车交通事故责任认定和分配过程中我们还应遵守我国《侵权责任法》规定的机动车使用人与所有人分离时的责任规则。传统机动车交通事故责任规则的确立的目的，是在交通事故发生时合理认定驾驶人是否需要对事故负责以及驾驶人承担何种责任的问题。当然如若是机动车存在固有缺陷因而造成交通事故发生，并且经查验机动车驾驶人汽车运作过程中的行为并无过错时，原则上应适用产品责任的严格责任对其归责。对于高度自动驾驶机动车和完全自动驾驶汽车。高度自动化的定义是：无人驾驶汽车的车载系统将完成所有的驾驶操作，特定环境下汽车车载系统会向驾驶人员发出相应请求，驾驶人可自主选择是否对该请求予以回应，车辆将继续根据车载系统指令完成相关任务。由此推断高度自动驾驶机动车和完全自动驾驶汽车发生交通事故是因为车辆存在缺陷，此时发生的交通事故当然不能由驾驶人员承担，显然这是汽车的责任即产品责任。由此我们可以得出结论，不论是完全自动驾驶机动车，还是处于自动驾驶状态的高度自动驾驶机动车，在发生交通事故造成损害时，驾驶人实际上扮演了一个忠实的乘客的角色。其不存在承担责任的问题。而无人驾驶汽车的研发者、生产者和销售者应当承担产品责任，还有一种情况就是无人驾驶汽车的操作者缺乏基本的操作技术引起操作失误，其不合理的操作行为严重干扰了无人驾驶汽车的车载自动驾驶智能系统从而造成无人驾驶系统受干扰发生不可避免的交通事故造成损害的特殊情况，此时我们应当追究操作者操作不当的责任，以过错责任原则处理其责任认定。

无自动化、辅助驾驶、部分自动化的无人驾驶汽车。一般而言，这三类无人驾驶机动车发生交通事故责任后理应遵循传统机动车责任事故处理的原则处理。因为我们知道在这三类情况下车辆自动驾驶系统只是机动车运行的辅助功能。驾驶人掌握了车辆的绝对控制权，此时实际驾驶人汽车行为的主导者理应对机动车运行安全负责，按照《道路交通安全法》《侵权责任法》相关之规定，车辆的实际驾驶人对机动车运行危险承担过错推定责任。依照法律规定驾驶人若能证明自己驾驶的机动车自出厂时就具有缺陷，驾驶人不存在过失且在驾驶人尽到高度注意义务后，交通事故还是无可避免地发生而后致人损害的情形下，责任可能将有产品研发商、销售者或生产者承担了。对部分自动化的无人驾驶汽车还有一种责任承担方式，其还有一种运行方式是车辆在自动驾驶系统指挥下正常行驶，但紧急情况下向驾驶人员发出接管的指令，此时由于具有随时接管汽车的义务存在驾驶员应立即接管汽车，进行替代操作。在此种情况下驾驶员忽略无人驾驶汽车的提示或者放任其自主行驶，则驾驶人难辞其咎，只得承担过错责任。差别化的归责原则和监管机制的适用，都是建立在分类管理的基础上的。确立侵权法典归责原则对解决无人驾驶汽车侵权责任的认定具有显著意义，为此讨论无人驾驶汽车侵权行为的归责原则是有必要的。分类治理、差别适用归责原则能最大限度地鼓励技术创新，实现利益保护和技术发展之间的平衡。在具体责任建构上，应始终围绕技术创新和受害人保护进行构建，在锁定生产者责任主体的同时，综合运用交通事故责任、产品责任和高度危险责任的归责原则，进而防范风险化解风险。

第四节 构筑无人驾驶汽车侵权的社会救济机制

无人驾驶汽车运行机制不透明性、举证困难、诉讼成本高、事故原因的鉴定工作同传统机动车相比复杂程度更高、耗时更长，受害人的损失可能无法及时得到补偿，保险可以及时高效救济受害人，分散事故风险。

一、保险分散风险

在德国机动车交通事故不管适用过错原则还是严格责任原则，认定责任范围时受害人的故意或过失影响受害人与被保险人之间的损害赔偿关系，而这又决定着保险人的保险责任范围。美国则截然不同，美国第三方责任保险限额较低，因此需要受害人通过产品责任诉讼维护自己权益。我国保险公司仅在机动车交通事故责任强制保险责任限额范围内予以赔偿。有学者设想我国的交强险赔偿限额应当提高至 50 万元人民币左右。在今后的保险体制中不知是否能够得到支持。当前阶段的强制保险赔偿不需要以存在过错为前提，受害人可以在发生交通事故后直接向保险公司提出保险金请求权。交强险保费相对较低，保险额度也低，可以由无人驾驶汽车消费者负担。鉴于强制保险的赔偿数额有限，往往无法覆盖受害人的全部损失，因此在强制保险的基础上由生产方购买商业保险，既有助于在事故发生前将不确定性转化为当事人能够内化的成本，也有助于平衡相关利害各方的利益，提高无人驾驶系统在社会中的接受度。设计者、销售者作为产品责任的主体也可以购买产品责任保险。由生产方购买保险，生产方可能会通过提高销售价格将保费分摊给消费者，实际上就是风险的第二次分摊，消费者实际分摊的数额极其有限，同传统机动车消费者购买的交强险与商业险数额相比，并没有在很大程度上增加消费者的负担。生产者、设计者、销售者、消费者各自按照一定份额购买保险，交强险与商业险、产品责任险覆盖基本的侵权责任风险。保险的赔偿顺序是，交强险位于第一赔付顺序，不足部分由商业险进行赔付，涉及产品责任的承担或追偿时，由产品责任险赔付。受害人可以在发生交通事故后向保险公司提出保险金请求权，进而保障受害人的损失能够得到有效填补。

二、路偿基金补充

无人驾驶汽车侵权虽然适用无过错责任，又通过购买保险分散事故风险，鉴于无人驾驶系统运行决策的不透明性等原因，对事故的受害人的保障仍可能不足，进而导致受害人的损失无法得到赔偿。可以考虑设立人工智能赔偿基金作为保险的补充，确保没有被保险覆盖的损害能够得到弥补。现有的道路交通事故救助基金对道路交通事故中的受害人抢救费用、丧葬费用进行垫付，基金会的资金来源于交通事故责任强制保险的一定比例的保险费、对未投保交强险机动车所有人、管理人的罚款、向事故责任人追偿的资金、救助基金的孳息、其他资金。无人驾驶汽车的利益各方通过投资、捐赠或其他方式的资金投入可以转移到赔偿基金，基金可以作为限制生产者责任的条件，被赔偿基金覆盖的无人驾驶汽车，其生产者仅承担有限责任。完善的保险制度与充足的赔偿基金共同为无人驾驶汽车受害人提供保障，进而更好的平衡科技发展与风险负担之际的关系。

结 语

　　无人驾驶汽车作为人工智能技术与传统汽车制造业的产物，已经逐步进入公众视野并改变着人类的生活方式。无人驾驶汽车的高度智能性使其具有降低事故发生率、增强出行便利性等巨大的社会价值，但仍然存在发生交通事故的可能性，其自主性也增加了风险的不可预测性以及侵权责任的认定难度。

　　无人驾驶汽车一旦应用并普及，将在很大程度上冲击现行法律制度，如何认定无人驾驶汽车交通事故侵权责任面临巨大的挑战。结合无人驾驶汽车的特征及法律属性，从能否参考适用现有的侵权责任规则的角度，确定我国无人驾驶汽车交通事故侵权责任之定位，无人驾驶汽车的产品属性和高度自主性为产品责任和高度危险责任留下了适用的余地。随着科技的迅猛发展，无人驾驶技术必然逐渐成熟，与之相对应的法律发展也呈现渐进化的趋势。如何平衡高速发展的技术和相对滞后的法律之间的关系将成为立法过程中的难点，立法者既不能一味要求生产者承担全部责任，阻碍无人驾驶技术的发展，也不能放任发展从而损害第三者的权益。因此，我们应当遵循事物发展的规律，一方面客观看待无人驾驶汽车，另一方面从立法层面上对其予以规制和保护，不断完善无人驾驶汽车的相关法律体系。无人驾驶汽车交通肇事侵权责任的确定应平衡生产者、所有者和受害者之间的权益，及时填补受害人的损失，从而提高消费者购买无人驾驶汽车的欲望，同时激励无人驾驶技术的创新和研发，促进无人驾驶行业的有序发展。目前仅从实践中可能存在的风险和学界现有理论出发，分析无人驾驶汽车交通事故侵权责任的定位及体系构建，对问题的认识和理解尚不够全面深入，对人工智能技术和无人驾驶汽车在发展过程中带来的法律问题，留待今后跟随技术发展和相应的法律规范进展做进一步深入研究。

　　无人驾驶汽车是时代的新潮流，相较于传统的驾驶员驾驶的方式来说，能够更好地解放驾驶员的双手，但是科技带来的不仅是改变，更有风险。无人驾驶汽车所导致的交通事故的侵权责任主体的界定是目前我国法律的空白地带，受害者的损害难以得到补偿。因此本书基于我国对于侵权责任主体的两种理论学说的分析评定，提出了购买使用者与生产销售者共同责任的理论，该项理论能够更好地解决实践中的无人驾驶汽车的责任主体的承担，希望能够通过本书对实践中的司法审判提供一定的借鉴，同时为我国的人工智能的主体认定开辟新思路。

参考文献

[1]陈晓林.无人驾驶汽车致人损害的对策研究[J].重庆大学学报(社会科学版),2017（4）：79—87.

[2]潘福全,王铮,泮海涛,杨金顺等.无人驾驶汽车事故成因分析与责任划分[J].交通科技与经济,2018,20（6）：6—10.

[3]梅仲协.民法要义[M].北京：中国政法大学出版社出版,1998.25—26.

[4]Hilary Putnam Robots: Machines or Artificial Created Life[J]. The Journal of Philosophy,1964（21）：668–691.

[5]张玉洁.论人工智能时代的机器人权利及其风险规制[J].东方法学,2017（6）：56—66.

[6]张童.人工智能产品致人损害民事责任研究[J].社会科学,2018（4）：103—112.

[7]郑志峰.自动驾驶汽车的交通事故侵权责任[J].法学,2018（4）：16—29.

[8]冯洁语.人工智能技术与责任法的变迁——以自动驾驶技术为考察[J].比较法研究,2018（2）：143—155.

[9]张明楷.刑法学[M].北京：法律出版社,2016.

[10]陈佳丽.无人驾驶汽车交通事故侵权责任的法律构思——责任主体及归责原则的认定与适用[J].襄阳职业技术学院学报,2018,17（2）：118—122.

[11]王冠.人工智能：刑法的时代挑战[M].上海：上海人民出版

社，2018. [12]杨立新.侵权责任法[M].北京：法律出版社，2018.391—392.

[12]高铭暄、马克昌.刑法学（第九版）[M].北京：北京大学出版社，2019.

[13]张童.人工智能产品致人损害民事责任研究[J].社会科学，2018（4）：103—112.

[14]陶盈．自动驾驶车辆交通事故损害赔偿责任探析[J].湖南大学学报（社会科学版），2018,32（03）：136—141.

[15]谢薇，韩文.对《侵权责任法》上机动车交通事故责任主体的解读—— 以《道路交通安全法》第76条责任主体的对接为中心[J].法学评论，2010（6）：138—147.

[16]程啸.侵权责任法[M].北京：法律出版社，2015：38—47.

[17]王成.侵权责任法[M].北京：北京大学出版社，2014：83—89.

[18]殷秋实.智能汽车的侵权法问题与应对[J].法律科学（西北政法大学学报），2018（5）：44—55.

[19][德]埃尔温•多伊奇，汉斯–于尔根•阿伦斯.德国侵权法——侵权行为、损害赔偿及痛苦抚慰金[M].叶名怡，温大军译.北京：中国人民大学出版社，2016.

[20]郑志峰.自动驾驶汽车的交通事故侵权责任[J].法学，2018(4)：16—29.

[21]杨立新.用现行民法规则解决人工智能法律调整问题的尝试[J].法学研究，2018（7）：40—49.

[22][意大利]乌戈•帕加罗.谁为机器人的行为负责（张卉林等译）[M].上海：上海人民出版社，2018(8)：44—50.

[23]陈燕申、陈思凯.美国国会《自动驾驶法案》探讨与启示[J].交通与运输，2017（2）：50—55.

[24]陈光中.刑事诉讼法（第六版）[M].北京：北京大学出版社.2016.

[25]陈慧岩、熊光明.无人驾驶汽车概论[M]北京：北京理工大学出版社.2014. [27]赵秉志.刑法总论（第三版）[M].北京：中国人民大学出版社，2016.